© 2019 Verlag Das Wunderhorn GmbH
Rohrbacher Straße 18, D-69115 Heidelberg
www.wunderhorn.de
© 2019 für die Texte und Bilder von
Siegfried Einstein: Ilona Einstein
Umschlagabbildung: *Der Kranich*,
Bleistiftzeichnung von Siegfried Einstein,
1932

Alle Rechte vorbehalten. Kein Teil des
Werks darf in irgendeiner Form (durch
Fotografie, Mikrofilm oder ein anderes
Verfahren) ohne schriftliche Genehmigung des Verlags reproduziert werden
oder unter Verwendung elektronischer
Systeme verarbeitet, vervielfältigt oder
verbreitet werden.

Gestaltung & Satz: Leonard Keidel
Druck: NINO Druck GmbH, Neustadt/
Weinstraße
ISBN: 978-3-88423-615-4

Zeit der vielen Einsamkeiten

Werke von Siegfried Einstein

Herausgegeben von

Esther Graf und Nelly Z. Graf

Wunderhorn

Inhalt

Vorwort	7
Kurzbiografie von Siegfried Einstein	11

Gedichte

Noch einmal möcht ich alle Dinge lieben	21
Losung: Weißer Rand …	22
Abendlicher Monolog	23
Wir löschen nun die Lichter aus …	24
Kiddusch	25
Sonntagabend in einem Café am Kurfürstendamm	26
In meine Heimat nur im Tod …	28
Worte an meinen Sohn	29
Lob der Einsamkeit	30
Nachts, wenn die Zeit	31
Así te quiero / So liebe ich dich …	32
Schlaflied für Daniel	33
Mein Bruder	34
Monolog eines Heimatlosen	35
Zur Dämmerstunde	37
Einem Straßenmädchen	38
Kindheit	39
Spätherbst	40
Weise Begrenzung	41
In einer fremden Stadt	42
Gedanken zum Jahresende	43
Du gingest so leise …	44
Mein Leben	45

Auszug aus einem Brief an Sigrid Dietz	**46**
Sirda (Novelle)	**49**
Politische Essays (Abschriften und Originale)	
Die Herren vor und neben dir …	**87**
Wenn das Frühjahr kommt in westdeutschen Landen …	**105**
20 Jahre nach jenem Karfreitag …	**119**
Das Schilfbuch (Erzählung)	**137**
Interview mit Ilona Einstein	**159**
Personenregister	**165**
Zu den Herausgeberinnen / Bildnachweis	**173**
Danksagung	**174**

Vorwort

Siegfried Einstein, seligen Angedenkens, der in diesem Jahr 100 Jahre alt geworden wäre, zählt zu jenen sprachgewaltigen deutschen Nachkriegsautoren, die völlig in Vergessenheit geraten sind. Vor 35 Jahren, ein Jahr nach seinem plötzlichen Tod, erschien zum letzten Mal posthum ein Band mit Gedichten. Eine Auswahl von Gedichten sowie scharfzüngiger politischer Essays und Reden wurde zuletzt 1987 herausgegeben. Anlässlich seines runden Geburtstags scheint es also höchste Zeit, diesen wunderbaren Sprachkünstler dem Vergessen zu entreißen und sein facettenreiches Werk wieder bekannt zu machen.

Die vorliegende Anthologie ist das Ergebnis einer wunderbaren Zusammenarbeit von vier Frauen aus drei Generationen: Bei einem Treffen mit ihrer Freundin Sabine Metzger im Winter 2018 erwähnte Ilona Einstein, die Witwe von Siegfried Einstein, dass sich nächstes Jahr Siegfrieds Geburtstag zum 100. Mal jähren würde. In seiner Geburtsstadt Laupheim sei im Museum zur Geschichte von Christen und Juden zwar eine Ausstellung, aber keine Publikation seiner Werke geplant. Damit wollte sich Sabine Metzger nicht abfinden und beschloss zusammen mit Ilona Einstein eine Anthologie auf den Weg zu bringen, für die sie sich um die Finanzierung kümmern wollte. Lediglich müsste noch eine geeignete Person für die Herausgeberschaft gefunden werden. Schnell kamen die beiden überein, dass die promovierte Judaistin Esther Graf, die sie von verschiedenen Vorträgen kannten, dafür die Richtige wäre. Es folgte ein Treffen im Mannheimer Café Prag zwischen Sabine Metzger und Esther Graf. Letztere sagte spontan zu, die Herausgeberschaft mit Freuden übernehmen zu wollen, betonte aber, dass sie keine Germanistin sei und die Werkauswahl daher eine sehr persönliche werden würde, die an der ein oder anderen Stelle germanistischen Kriterien nicht entsprechen mochte. Esther Graf holte noch ihre geschichts- und literaturinteressierte Tochter, Nelly Z. Graf, dazu, mit der sie bereits in einem anderen Geschichtsprojekt zusammengearbeitet hatte. Das Siegfried-Einstein-Publikationsteam war somit komplett: vier Frauen aus drei Generationen. Und eine Neuauflage von Siegfried Einsteins Werken beschlossene Sache. Esther Grafs jahrzehntelanger Verbundenheit aus Studientagen zum Verlag Das Wunderhorn ist es zu verdanken, dass Siegfried Einsteins Werk nun in diesem renommierten Verlag erscheint.

Wir, die Herausgeberinnen, müssen zugeben, dass wir den Autor Siegfried Einstein bis vor einem Jahr nicht kannten. Schnell war uns klar, dass es sich um eine vielschichtige Persönlichkeit handelt, der man nur ansatzweise gerecht werden kann, wenn die Werkauswahl zumindest aus den drei literarischen Gattungen Lyrik, Essay und Erzählung besteht. Dies haben wir im vorliegenden Buch umgesetzt und nur Texte ausgewählt, die uns sprachlich und inhaltlich gepackt haben, die uns beschwingt, verstört, zärtlich oder traurig zurückließen und in uns den starken Wunsch ausgelöst haben, sie der Öffentlichkeit zugänglich zu machen. Seine messerscharf formulierten politischen Essays, die sich mit dem vergessen wollenden Nachkriegsdeutschland auseinandersetzen, haben wir zwischen zwei seiner Erzählungen gestellt, um eine gewisse Leichtigkeit in der Werkabfolge zu erreichen, aber auch, um Einsteins Vielschichtigkeit deutlich zu machen. Eingerahmt wird die Werkauswahl mit einer Kurzbiografie des Autors und einem Interview mit Ilona Einstein. Das vorliegende Buch ist keine wissenschaftliche Auseinandersetzung mit Siegfried Einsteins Œuvre und lässt deshalb an der ein oder anderen Stelle auch eine tiefergehende Recherche vermissen. Unser Hauptanliegen ist es, die Texte des Autors für sich sprechen und wirken zu lassen. Rechtschreibung, Absätze und Zeichensetzung haben wir deshalb weitestgehend aus den Originaltexten übernommen. Anmerkungen in eckigen Klammern in den Texten stammen von den Herausgeberinnen und dienen dem besseren Verständnis des Inhalts.

Wir danken Ilona Einstein und Sabine Metzger für das in uns gesetzte Vertrauen und vor allem dafür, dass sie uns eine literarische Welt eröffnet haben.

Esther Graf und Nelly Z. Graf   Juni 2019

Kurzbiografie
von Siegfried Einstein

Die lückenhaften biografischen Angaben entstammen Eigenauskünften des Autors und Artikeln über ihn. Eine ausführliche Biografie, auf die wir hätten zurückgreifen können, liegt leider nicht vor.

[1919: Im Januar wird erstmalig in Deutschland eine verfassunggebende Nationalversammlung im Rahmen der neuen Republik gewählt und im Juni unter Protest der Friedensvertrag von Versailles unterzeichnet.]

Siegfried Einstein wird am 30. November 1919 im oberschwäbischen Laupheim in eine großbürgerliche Familie, die schon seit Generationen im Besitz eines der größten Textilkaufhäuser im ländlichen Südwesten Deutschlands war, geboren. Trotz der Funktion des Vaters als Vorstand der jüdischen Gemeinde Laupheims ist die Familie Einstein stark akkulturiert. Sie ist fest in das soziale Netz des Städtchens, das im Jahre 1933 einen Anteil von einem Fünftel jüdischer Bürger hatte, eingebunden und wählt traditionell die katholische Zentrumspartei, die unter Vermögenden, unabhängig ihrer Konfession, sehr beliebt war. Siegfried Einstein macht bereits als Kind seine ersten literarischen »Gehversuche«.

[1933–36: Nach der Machtergreifung Adolf Hitlers im Januar und seiner Ernennung zum Reichskanzler, kommt es bereits im Februar zur Einschränkung der

Grundrechte, insbesondere der Versammlungs- und Pressefreiheit. Im März finden die letzten freien Wahlen statt, bei denen die NSDAP 43,9 % der Stimmen erhält und das Konzentrationslager Dachau wird errichtet. Im April gibt es den ersten staatlich organisierten Boykott jüdischer Geschäfte, Anwaltskanzleien und Arztpraxen. Mit dem »Gesetz zur Wiederherstellung des Berufsbeamtentums« schaffen die Nationalsozialisten eine legale Möglichkeit, jüdische und politisch missliebige Beamte aus dem Dienst zu entfernen. Ab 1934 vereint Adolf Hitler die Ämter von Reichspräsident und Reichskanzler auf sich und nennt sich fortan Führer und Reichskanzler. Im September 1935 treten die Nürnberger Rassengesetze in Kraft. Die Olympischen Spiele im Jahr 1936 nutzt das NS-Regime zu außenpolitischen Propagandazwecken.]

Der damals vierzehnjährige Siegfried Einstein erlebt den gesellschaftlichen Wandel hautnah mit, als der familieneigene Chauffeur, der vor 1933 führend im so genannten Sozialdemokratischen Reichsbanner war, eines Tages in SA-Uniform erschien; oder in Person seines der Familie Einstein noch kurz zuvor wohlgesinnten Mathematiklehrers, der den Jungen nach vorne zitierte, um vor der gesamten Klasse seine Silhouette an die Tafel zu zeichnen und der grölenden Klasse damit zeigte, wie »Juden aussehen«.

Doch das Jahr 1933 hält einen weiteren, einschneidenden Schicksalsschlag für Siegfried Einstein bereit: Im August wird vor den Augen des Jugendlichen seine ältere Schwester Clärle bei einer gemeinsamen Wanderung von einem Blitz getroffen und verstirbt. Fortan widmet er viele seiner Gedichte seiner Schwester. Als der junge Einstein einige Monate nach dem familiären Schicksalsschlag und dem demütigenden Vorfall vor seiner Klasse auf dem Pausenhof seines Gymnasiums gezielt mit Steinen beworfen wird und sich blutüberströmt nach Hause schleppt, wird dem Vater der Ernst der Lage bewusst und er schickt den Oberschüler auf das Internat auf dem Rosenberg in der Schweiz, an dem er 1936 sein Handelsdiplom erhält. In der Schweiz leben Verwandte der Familie, denen eine Stickerei-Exportfirma gehört. Im Folgejahr beginnt Siegfried Einstein für diese Stickerei-Exportfirma (Adolph Hahn – Nachfolger von J.D. Einstein) tätig zu werden. Sein Bruder folgt ihm wenig später ins Schweizer Exil.

[1937–45: Im Februar 1937 verspricht Hitler dem Schweizer Alt-Bundesrat Edmund Schulthess, die schweizerische Neutralität zu respektieren. Im März 1938 erfolgt der Anschluss Österreichs an das Deutsche Reich. Im November 1938 organisieren die Nationalsozialisten flächendeckend in Deutschland und Österreich ein Pogrom. Aufgrund der »Verordnung zur Ausschaltung der Juden aus dem deutschen Wirtschaftsleben« wird das Vermögen wohlhabender Juden arisiert und etwa 30.000 »Aktionsjuden« werden in Konzentrationslager deportiert. Während des Zweiten Weltkriegs und der im Deutschen Reich tobenden Judenvernichtung richtet die Schweiz ab 1940 Internierungslager für ausländische Militärpersonen und Zivilflüchtlinge ein.]

Siegfried Einsteins Vater wird während des Novemberpogroms 1938 in Laupheim verhaftet und in das Konzentrationslager Dachau deportiert. Nach seiner Festnahme wird sein Warenhaus zwangsarisiert. Die Mutter hält Kontakt zu ihren emigrierten Söhnen, indem sie sie an der Grenze trifft, bis schließlich Einsteins Vater nach zwei Jahren aus der Haft entlassen wird und es 1940 dem Paar Einstein gelingt, in die Schweiz zu ihren Söhnen zu flüchten. Aufgrund der Aberkennung der deutschen Staatsangehörigkeit ist die gesamte Familie fortan staatenlos, weswegen Siegfried Einstein von 1941 bis 1945 von der Schweizer Regierung in Arbeitslagern interniert und beim Straßenbau und der Urbarmachung von Sumpfgebieten eingesetzt wird.

Der Kontakt zu kommunistischen Exilautoren wie Stefan Hermlin führt zu seiner literarischen Politisierung, die in späteren Jahren in zahlreichen politischen Essays Ausdruck findet.

[1945–57: Im Juni 1945 übernehmen die vier Siegermächte die oberste Regierungsgewalt über Gesamtdeutschland. Im Oktober 1946 endet der erste von dreizehn Nürnberger Prozessen gegen die Hauptkriegsverbrecher der nationalsozialistischen Diktatur. Im Juli 1948 wird die Gründung der Bundesrepublik Deutschland beschlossen und im August 1949 findet die erste Bundestagswahl statt. Im Oktober 1949 gründet sich daraufhin die Deutsche Demokratische Republik. 1955 endet die Besatzungszeit Österreichs, der BRD und der DDR.]

In den Jahren nach Kriegsende widmet sich Siegfried Einstein erstmals ganz dem Schreiben und bringt 1946 den Gedichtband *Melodien in Dur und Moll* heraus, gefolgt 1949 u. a. von der Erzählung

Das Schilfbuch und 1950 von dem Gedichtband *Das Wolkenschiff*. Zudem arbeitet er von 1950 bis 1952 als Leiter des Pflug Verlags in Thal in der Nähe von St. Gallen. 1947 wird sein erster unehelicher Sohn Daniel geboren, dem er auch sein wohl bekanntestes Gedicht *Schlaflied für Daniel* widmet.

Im Jahr 1953 kehrt Siegfried Einstein nach einer Deutschlandtour, auf der er unter anderem 1949 Erich Kästner begegnet, endgültig in die Bundesrepublik zurück. Er folgt einer Einladung von Mannheimer Autoren um Arno Reinfrank. Da im zerbombten Mannheim Wohnraum knapp ist, zieht er in die hessische Kleinstadt Lampertheim. Doch auch in Lampertheim soll Einstein nicht zur Ruhe kommen, da es immer wieder zu antisemitischen Ausschreitungen in Form von Ruhestörungen durch nächtliches Dauerklingeln und Scheibeneinwerfen, struktureller Diskriminierung und Sprechchören ihm gegenüber kommt.

Einsteins literarische Tätigkeit wird 1956 durch den Thomas-Mann-Förderpreis gewürdigt. Die Strahlkraft der Auszeichnung beschert ihm im gleichen Jahr die Ehre, die Gedenkrede anlässlich Heinrich Heines 100. Todestags auf dem Friedhof Montmartre in Paris halten zu dürfen, die anschließend in ›Les Lettres Françaises‹ veröffentlicht wird. Der Schriftsteller beginnt etwa zeitgleich für verschiedene sozialistische und satirische Zeitungen und Zeitschriften, unter anderem für ›Simplicissimus‹ und die ›Andere Zeitung‹, zu schreiben sowie regelmäßig Beiträge für verschiedene Radiosender zu verfassen.

[Ab 1958: 1958 ist die Bundesrepublik mitten im Wirtschaftswunder und von der ersten Rezession in der Nachkriegszeit kaum betroffen. 1960 wird Adolf Eichmann in Argentinien aufgespürt und nach einem Prozess im Juni 1962 hingerichtet. 1961 wird die Berliner Mauer errichtet. 1963–1968 finden in Frankfurt die Auschwitzprozesse statt. Die Ölkrise 1973 als Folge ihrer Unterstützung Israels im Jom-Kippur-Krieg trifft die Bundesrepublik hart.]

1958 lernt er seine Lebensgefährtin Ilona Sand kennen und zieht 1959 zu ihr nach Mannheim, wo er bis zu seinem Lebensende bleibt. Nach dem Eichmann-Prozess, der sich durch das Jahr 1961 zieht, verfasst Einstein noch im selben Jahr eines seiner bekanntesten und zugleich kontroversesten Werke: *Eichmann – Chefbuchhalter des Todes*, das sich mit der Vielzahl der NS-Täter auseinandersetzt. Das Buch wird in fünf Sprachen übersetzt, erhält gigantische Auflagen und soll trotz hoher Nachfrage später keine Neuauflage erfahren.

Im Jahr 1962 folgt Siegfried Einstein einer Einladung zum Weltfriedenskongress nach Moskau, der er eine Reise durch die Sowjetunion anschließt. In Moskau kommt es zu persönlichen Begegnungen mit Ilja Ehrenburg, Jean-Paul Sartre und Pablo Neruda. Seine Erlebnisse verarbeitet er in dem Buch *Unvergessliche Tage in Leningrad – Taschkent und Samarkand*. Zwei Jahre darauf erhält Siegfried Einstein den Kurt-Tucholsky-Preis. Er veröffentlicht weiterhin in diversen politischen Medien und arbeitet seit 1954 als Dozent für Literatur an der Abendakademie in Mannheim, außerdem gibt er Lesungen im In- und Ausland. Als Berichterstatter der Frankfurter Auschwitzprozesse, 1963–1968, verfasst er zahlreiche Essays, die das Verdrängen der Verbrechen des Nachkriegsdeutschlands thematisieren. 1967 heiratet er seine langjährige Lebensgefährtin Ilona Sand. Nach seinem zweiten Herzinfarkt 1978 wird Einstein erwerbsunfähig, bleibt aber weiterhin literarisch aktiv. Am 25. April 1983 stirbt Siegfried Einstein in Mannheim an seinem dritten Herzinfarkt. Er wird in Laupheim neben seiner Schwester Clärle begraben.

GEDICHTE

NOCH EINMAL MÖCHT ICH ALLE DINGE LIEBEN

Noch einmal möcht ich alle Dinge lieben,
die meinem Herzen heut bedeutungslos,
und wenn mein Schwärmen einst auch übertrieben:
die Dinge waren damals doch so groß!

Noch einmal möcht ich die papiernen Schiffe
auf jenem kleinen Weiher fahren sehn –
und weinen möcht ich, weil am Felsenriffe
mein stolzer Dampfer mußte untergehn …

Noch einmal möchte ich an Menschen glauben
wie damals, als ich noch ein Knabe war. –
Ach, jener Glaube war so wunderbar

und köstlich wie die sonngereiften Trauben!
Wie traurig, daß durch einen eisgen Wind
die Trauben über Nacht erfroren sind …

aus *Melodien in Dur und Moll*, 1948

LOSUNG: WEISSER RAND ...

Weißer Rand auf roten Tulpenblättern:
Schnee auf ihren toten Lippen.
Schnee vom Turm der Einsamkeit.

Abend taumelt.
Nacht kniet vor dem Fenster.
Schaurig baumelt
eine tote Stunde
des verpfuschten Lebens.

Abgetragener Rock der Worte
hängt am Bügel –
und die Pforte speit dich aus.

Tulpenblatt mit weißem Rand
fällt auf rötlichen Kattun.
Aus dem Uhrwerk an der Wand
tropft die Finsternis der Zeit:
tintenschwarzer Tau.

Erscheinungsort und -jahr nicht bekannt

ABENDLICHER MONOLOG

Der Heimatlose bin ich hier und dort,
in allen Städten und auf allen Gassen.
Da ist, so weit ich denken kann, kein Ort,
den nicht der Fremdling, der ich bin, verlassen.

Die andern haben einen Herd, ein Haus,
und manches Glück ist ihrem Tag bereitet:
Da ziehen Kinder ihre Schuhe aus
in Räumen, die mein Fuß nur scheu durchschreitet

und wie ein ungebetner später Gast.
Und abends, wenn ich meine Hände hebe,
als hätte ich mein Anderssein umfaßt,
so weiß ich manchmal nicht, ob ich noch lebe.

Und staunend höre ich die andern gehn
mit Sicherheiten, die mich fast erschrecken;
und Flammenzeichen, die sie nicht verstehn,
sind Todespein, wenn sie zur Nacht mich wecken.

Der Heimatlose bin ich hier und dort,
in allen Städten und auf allen Gassen.
Da ist, so weit ich denken kann, kein Ort,
den nicht der Fremdling, der ich bin, verlassen.

aus *Das Wolkenschiff*, 1950

WIR LÖSCHEN NUN DIE LICHTER AUS …

(Für Daniel)

Mein Liebling, alles schläft im Haus –
so mach die Äuglein zu!
Wir löschen nun die Lichter aus
und gehen still zur Ruh.

Ich wünsch dir eine gute Nacht
und Sternenlicht im Traum …
Und wenn der neue Tag erwacht,
blüht schon der Apfelbaum.

aus *Melodien in Dur und Moll*, 1948

KIDDUSCH

Noch einmal müßte eines Kantors Hand
den goldnen Becher meinen Lippen reichen,
und Lieder möcht ich hören, jene weichen
und dunklen Weisen aus dem heilgen Land.

Der Knabe möcht ich sein im Feierkleid,
der Knabe mit dem gläubigen Vertrauen.
Auf schwarzen Trümmern möcht ich Häuser bauen
zu Gottes Ruhm in alle Ewigkeit.

Mein kleines Herz müßt ängstlich klopfen,
die Lippen preisen jeden Tropfen
aus jenem funkelnden Pokal.

Und meine Seele müßte beben,
und lieben müßte ich mein Leben
und neu beginnen – noch einmal.

aus *Das Wolkenschiff*, 1950

**SONNTAGABEND IN EINEM CAFÉ
AM KURFÜRSTENDAMM**

Sechs Pärchen und ein Ober und viel Licht,
und wenig Heiterkeit trotz Sekt und Sahne;
und weil sich reimen muß mein Nachtgedicht,
thront auf dem Eis-Baiser ein Stück Banane.

Ich habe im Gedärm – trotz Pfefferminz
zu fünfundsiebzig Pfennig – auch noch Schmerzen:
Die sind vom Typhus, sozusagen Zins.
Die Nazis schonten Nieren nicht, noch Herzen.

Die Nazis, sagt man, seien ausgestorben.
Ich sah es selbst bei Blank in Andernach.
Und wer nicht tot ist, wurde »abgeworben«
und fand bei Franco-Nasser auch ein Dach.

Sechs Pärchen und ein Ober und viel Licht.
Mein Gott, es ist schon zwei Uhr fünfunddreißig!
Und Siegfried Einstein bastelt ein Gedicht –
das Heimweh macht oft einen Dichter fleißig.

Das graue Heimweh nach den vielen Toten.
Ich höre immer wieder Buchenwald …
Der Herr von nebenan macht viel in Zoten,
für Liebe ist er auch schon viel zu alt.

Das Mädchen schätzt ihn ab und lächelt keß.
Es wird ihm manches aus der Tasche holen …

Wie war das damals doch mit der SS
und neununddreißig auf dem Marsch nach Polen?

In Hessen, wo ich wohne, ruft man: »Raus
mit Einstein-Jud!« – Und hier sind vier Sektoren …
Und wo, Herr Ober, bin ich nun zu Haus?
Und sagen Sie: Wer hat den Krieg verloren?

Vollende, Siegfried Einstein, das Gedicht!
Und laß dein Heimweh steh'n, es riecht schon ranzig …
Sechs Pärchen und ein Ober und viel Licht –
mein Gott, es ist schon drei Uhr zweiundzwanzig!

aus *Siegfried Einstein, Egbert Hoehl, Arno Reinfrank, Herbert Ernst Schulz. Lyrik und Prosa junger Mannheimer Autoren*, o. J.

IN MEINE HEIMAT NUR IM TOD …

In meine Heimat möcht ich nicht zurück,
Nicht an den Ort, aus dem sie mich vertrieben.
Ich fühl, solang ich leb, das harte Stück
Des Steines, den sie johlend mir *verschrieben*

»Zur Strafe für den Juden«, wie sie keuchten;
Vortrefflich zielten sie auf meine Stirn
– Und als ich wankte, sah ich nur ein Leuchten:
Im Gleitflug kam mein Traum von Tod und Hirn.

In meine Heimat möcht ich nicht zurück,
Solang dies kranke Herz noch pocht im Schlaf.
Doch sucht, ihr Männer Laupheims, sucht das Stück
Des Steines, der mich einst vorzüglich traf.

Und einer werf symbolisch ihn mir zu,
eh der Rabbiner mir drei Schaufeln Erde gibt.
Das Stückchen Land, das meine Ahnen so geliebt,
Es diene mir im Tod zur letzten Ruh.

aus *Meine Liebe ist erblindet*, 1984

WORTE
AN MEINEN SOHN

Sie sagen, du seist ein verwöhntes Kind.
Und wahrlich: sie haben auch recht.
Sie meinen, dein Vater sei liebesblind,
und Milde bekomme dir schlecht.

Sie reden von Strenge: tagaus, tagein
und zeigen mit Fingern auf mich.
Doch könnten sie alle dein Vater sein,
sie wären so blind – wie ich.

aus *Das Wolkenschiff*, 1950

LOB DER EINSAMKEIT

Ich liebte Haus und Herd
und nannte alles mein.
Ich habe viel begehrt –
und blieb allein.

Ich jagte nach dem Glück
und nach des Tages Tand.
Mir fielen Stück um Stück
die Träume aus der Hand.

Ich habe längst kein Haus
und keine Wünsche mehr.
Das große Spiel ist aus
und meine Kammer leer.

Ich liebe einen Stern:
dem will ich Bruder sein.
Er leuchtet still und fern
und ist, wie ich, allein.

aus *Das Wolkenschiff*, 1950

NACHTS, WENN DIE ZEIT

An meine Schwester Claire

Nachts, wenn die Zeit mir durch die Finger rinnt
wie heißer Sand von einer fernen Düne,
seh ich die Spinne, wie sie spinnt und spinnt –
ich sehe eine riesengroße Bühne,

auf welcher alle meine Toten gehn.
Sie grüßen sich und tanzen einen Reigen,
doch was sie sagen, kann ich nicht verstehn.
Die Schwester redet durch ihr dunkles Schweigen.

Nachts, wenn die Zeit mir durch die Finger rinnt,
hör ich den Tod, dieweil ich ruhig liege.
Ich sehe, wie er unermüdlich spinnt,
ich seh das Netz und eine schwarze Fliege.

aus *Das Wolkenschiff*, 1950

ASÍ TE QUIERO / SO LIEBE ICH DICH …

Geschenk für ILONKA
– meine Frau –

I
Für mich ist die Liebe ein Festival,
ein Fluß zwischen Abend und Morgen,
ein traurig tanzender Frühlingseinzug –
für andere gierender Durst,
steifharte Leidenschaft –
niemals eine Rose …
Ich liebe dein nacktes Staunen!
Así te quiero /
Así te quiero /
Así te quiero.

II
Ich liebe das Böse in deinen Augen,
wenn es sich fürchtet, mich zu lieben,
an Liebe sich zu zerleiden
 – ich liebe den Tod auf Distanz –
und hinter dem Tod deinen Finger:
auf mich gerichtet:
Así te quiero, so liebe ich dich!

aus *Meine Liebe ist erblindet*, 1984

SCHLAFLIED FÜR DANIEL

Wir fahren durch Deutschland, mein Kind.
Und es ist Nacht.
Die Scheiben klirren im Wind,
da sind die Toten erwacht,

die Toten von Auschwitz, mein Sohn.
Du weißt es nicht
und träumst von Sternschnupp und Mohn
und Sonn und Mondgesicht.

Wir fahren durch Deutschland, mein Kind.
Und es ist Nacht.
Die Toten stöhnen im Wind:
viel Menschen sind umgebracht.

Du darfst nicht schlafen, mein Sohn,
und träumen von seliger Pracht.
Sieh doch! Es leuchtet der Mohn
wie Blut so rot in der Nacht.

Wir fahren durch Deutschland, mein Kind.
Und es ist Nacht.
Die Toten klagen im Wind –
und niemand ist aufgewacht ...

aus *Das Wolkenschiff*, 1950

MEIN BRUDER

Mein Bruder ist der Alte auf der Brücke,
der Heimatlose, der an nichts mehr glaubt. –
Mein Bruder geht dort langsam an der Krücke
mit den zerrißnen Schuhen, weißbestaubt …

Mein Bruder führt das Schwert in dieser Stunde –
und fällt … Und führte doch so gern den Pflug!
Mein Bruder ist der Mann, der diese Wunde,
die tödliche, dem guten Bruder schlug.

Sie alle: Meine Brüder nah und ferne
sind Brüder, wahre Brüder – auch von dir!
Sie leben doch mit mir auf einem Sterne –
und wenn sie sterben, stirbt ein Teil von mir …

aus *Melodien in Dur und Moll*, 1948

MONOLOG
EINES HEIMATLOSEN

lch hätte dich geliebt, klein Inge,
und oft mit dir gespielt, mein Sohn.
Ich malte zarte Schmetterlinge
mit gelbem Stift auf roten Mohn.

Ich hätte dir vom klugen Schimmel
und auch vom weißen Mond erzählt,
und daß dem lieben Gott im Himmel
kein Sternlein von Millionen fehlt.

Ich hätte dir ein weiches Kissen
und feinstes Linnenzeug bestellt ...
Nun wardst du aus dem Leib gerissen:
Der jüngste Tod in dieser Welt.

Was hättest du dereinst begonnen,
von welcher Gnade dich genährt?
Dem Mitleid wärst du nie entronnen
und dieses hätte dich verzehrt.

Das ist die Freiheit, die sie meinen:
und die erspar ich dir, mein Kind.
Du hörtest deine Mutter weinen
aus Quellen, die vergiftet sind

vom Haß der andern und vom Morden,
vom Ekel, auch ein Mensch zu sein ...

Du wärst vielleicht ein Bub geworden,
vielleicht ein Mädchen, zart und fein.

Du hättest unter fremde Leute
getragen dein verfluchtes Los. –
Der Onkel Doktor hat dir heute
das Licht geraubt im Mutterschoß.

aus *Das Wolkenschiff*, 1950

ZUR DÄMMERSTUNDE

Und wieder löst mit sanfter Hand
die Nacht des Tages Spangen.
An ihres Kleides goldnem Rand
sind Sterne aufgegangen.

Ein reicher Tag geht nun zur Ruh
in Gottes stillstem Garten.
Wir aber haben, ich und du,
ein Weilchen noch zu warten.

Ein Weilchen noch, dann sind auch wir
in einem großen Traume
und wieder eins mit Gras und Tier
und eins mit jedem Baume.

aus *Das Wolkenschiff*, 1950

EINEM STRASSENMÄDCHEN

Du bist so einsam, wenn du vor mir stehst,
und abgespielt wie eine alte Platte.
Und wenn du lächelnd auf der Straße gehst,
als seien alle Wolken ganz aus Watte,

dann bist du mir wie eine Schwester lieb
und anders als die Herrin trüber Nächte,
in denen ich dein großer Schuldner blieb
und einer deiner nimmermüden Knechte.

Ein fremder Gott schrieb eine fremde Schrift
in deine blassen, mädchenhaften Züge;
und jeder, der nach Ihm geführt den Stift,
schrieb in dein Antlitz eine freche Lüge.

Du bist so einsam, wenn du vor mir stehst,
und abgespielt wie eine alte Leier.
Und wenn du müde durch die Straßen gehst,
begleitet dich der Tod als stummer Freier.

aus *Das Wolkenschiff*, 1950

KINDHEIT

Der Tag hat Lichter angezündet,
eh er dem Dunkel sich vermählt.
Geheimnisvoll und nie ergründet
sind meine Ängste, ungezählt.

O Trost! Noch geht auf leisen Schuhen
die Mutter lächelnd durch das Haus,
verschließt die Türen und die Truhen
und singt und löscht die Lichter aus.

Dann schwebt ein Traum auf Silberschwingen
hernieder auf das weiße Land,
erzählt von nie geschauten Dingen:
vom Schloß, das einst im Monde stand.

– – – – –

Der Tag hat Lichter angezündet,
eh er dem Dunkel sich vermählt.
Geheimnisvoll und nie ergründet
sind meine Ängste, ungezählt.

aus *Das Wolkenschiff*, 1950

SPÄTHERBST

Nun sterben alle Dinge leise.
Die Blätter fallen von den Bäumen …
Und immer zieht er neue Kreise,
der fahle Tod, in seinen Räumen.

Die Menschen sterben mit den Dingen,
in Nächten sterben dumpfe Laute,
die wie verlorne Jahre klingen,
auf die man träumend Schlösser baute …

Und dieses große, große Sterben
berührt die Dinge zag und leise.
Nur manchmal klirren ein paar Scherben
im Winde, flüchtig, ihre Weise …

aus *Melodien in Dur und Moll*, 1948

WEISE BEGRENZUNG

Herr, laß mich Dein bescheidner Diener sein
und führe mich an Deiner starken Hand
wohin Du gehst … Und bin ich noch so klein,
ich will Dir folgen, Gott, in jedes Land!

Du mußt nur rufen, Herr – und ich bin da
und halte Dir der Seele Wunder hin. –
Ach, wären wir uns erst einmal so nah,
dann könnt ich ganz begreifen, wer ich bin!

Doch hast Du mich unendlich überdacht,
eh Du mich schufst – und wenn Du offenbarst
Dein ganzes Sein, so seh ich doch nur Nacht –
denn ich war Nacht, als Du das Licht schon warst!

aus *Melodien in Dur und Moll*, 1948

IN EINER FREMDEN STADT

Ich wohne wohl unter dem fremdesten Dach
in einem mir fremden Land.
Ich liege in einem fremden Nest
und halte mit meinen Augen fest
zwei Stühle und eine Wand –
und lösche das Licht und bin einsam und wach.

Ich sehe die Stunden kommen und fliehn
und höre die Uhren gehn.
Ich träumte als Kind von rotem Mohn
und wußte in jenen Jahren schon,
mit welcher Gebärde die Wolken ziehn,
und silbernd Sterne verwehn.

Ein Fremder schließt auf und ein andrer schließt zu.
Der müßte mein Bruder sein.
Wir teilten die Not und teilten das Brot,
wir fürchteten uns vor dem frühen Tod.
Ich lausche ins Dunkel und sage ihm: Du!
Und bleibe, wie er, allein.

aus *Das Wolkenschiff*, 1950

GEDANKEN ZUM JAHRESENDE

Im Leichenhemd liegt es auf schwarzer Bahre,
das tote Jahr mit bleichem Angesicht.
Im Himmel warten viel' Millionen Jahre
auf diese Seele, die nun nichts mehr spricht.

Das Jahr ist tot. Das klingt ja fast wie Dichtung ...
Und beim Begräbnis denken wir zurück –
Wir sind auf unsrem Wege der Vernichtung
vorwärtsgekommen so ein schönes Stück!

Wir haben in dem Jahr, dem guten alten,
ein Kind gezeugt. Wir werden es ja sehn.
Und auch Atome haben wir gespalten.
Und wenn wir wollen, kann sie untergehn,

Die alte Mauer Erde mit den Runzeln.
Was liegt schon dran, wenn sie sich nicht mehr dreht!
Der Mann im Mond wird eines Abends schmunzeln,
weil toller Übermut so rasch vergeht.

Das kann passieren, wenn die Präsidenten
der Staaten X und Z die Wut macht blind.
Das geht so rasch, daß nicht einmal die Renten
der Kriegsversehrten mehr zu holen sind.

Zum Kuckuck mit den atomaren Sorgen!
Das neue Jahr schreit schon in nassen Windeln.
Wir wollen uns ein Pfündlein Hoffnung borgen
und Prosit rufen und ein bißchen schwindeln.

aus *Mannheimer Morgen*, 31. Dezember 1970

DU GINGEST SO LEISE ...

(Meinem teuren Vater gewidmet)

Du gingest so leise –
ich hörte dich nicht ...
Wie soll ich dein Sterben verstehen?
Es blühte ein Lächeln
auf deinem Gesicht –:
ein Lächeln – wie immer beim Gehen ...

Du hattest zum Abschied
kein Wort mehr für mich?
Und gar nichts, mir gar nichts zu sagen?
Und wußtest auch heute:
ich hatte an dich
viel große und brennende Fragen!

Ich glaube am Ende:
du gingest so leis,
damit mich dein Gehen nicht störe –
damit ich noch lange
von Heimweh nichts weiß
und nachts deine Rückkehr nicht höre ...

aus *Melodien in Dur und Moll*, 1948

MEIN LEBEN

Ich habe ein Leben lang
gekämpft, gefürchtet, geweint, gelacht, gestritten,
geschlichtet, gewußt, gehofft, gebeichtet, gelogen,
gesucht, gefunden, gelobt, geleugnet, geschwiegen,
gesprochen, gewacht, geschlafen, gelesen, geträumt,
geglaubt, gelästert, gebangt, gedroht, gelitten,
gequält, gegeben, genommen, gejagt, gezittert,
gehungert, gepraßt, getrunken, gedürstet,
gezeugt, getötet, gewußt, gespielt, gemahnt, gehetzt,
gepflanzt, gejätet, geflucht, gesegnet, geheilt,
gepeinigt, geheiligt, getreten, gedacht, geblödelt,
geschwitzt, gefroren,
geächtet, geachtet, geworben, geschlackert,
gerufen, gehorcht, geliebt, gelebt – gelebt,
gelebt. *Gelebt?* – Geträumt vom LEBEN!

aus *Meine Liebe ist erblindet*, 1984

Aus einem Brief an Sigrid Dietz,
15. JUNI 1972

Sigrid, begabte Beleuchterin jenes »kleinen postamts in südfrankreich« – »deutschland mein fräulein ist zu wenig« – und aufrichtig beneidete Mutter!

Comment allez-vous: Ihr drei mir nun vertrauten und getreuen Freunde?

Ich selbst? Seit Wochen verzweifelt melancholisch, müde, marode. Immer und immer wieder gehen mir Lorcas Verse (und SPANISCH ist ja doch meine Lieblingssprache! Und Lorca, der das Ferne so unsäglich fern und das Nahe so bestürzend nah macht, Lorca, der TOD ist und GITARRE, FARBE (vor allem GRÜN) und WORTZAUBER: Lorca hat uns eines der MODERNSTEN und zeitgleich ÄLTESTEN Gedichte geschenkt »Memente«. Ach, Sigrid, wenn du es deinen aufgeschlossenen, zauberhaften Kindern laut vorlesen könntest! Soll ich es einmal für Euch tun? ...

Eines Tages?

Cuande ye me muera,
enterradme con mi guitarra
bajo la arena.
Cuando yo me muera,
entre les naranjos
y la hierbabuena.

>   Cuando yo me muera,
>   enterradme si quereis,
>   en una veleta.
>   ¡Cuando ye me muera!

In vielen Fassungen hab' ich's geleistet. »Eingedeutscht«. Und doch bevorzuge ich noch immer die Übertragung des mir aus der Exilzeit her bekannten Enrique Beck:

> Wenn dereinst ich sterbe
> begrabt mich mit meiner Gitarre
> unter dem Sande.
> Wenn dereinst ich sterbe
> zwischen den Orangen
> und den guten Minzen.
> Wenn dereinst ich sterbe,
> dann begrabt mich, wenn ihr wollt,
> in einer Wetterfahne.
> Wenn dereinst ich sterbe!

Wenn dereinst ich sterbe ... Dann begrabt mich, Freunde, möcht' ich manchmal ausrufen, in meiner schwarzen, schweigenden Schwermut! Und an Stelle der guitarra legt mir auf mein totes Herz ein Blatt ... einen Kieselstein ... einen Schmetterling, der seinen Schwalbenschwanztod fand ... und – wenn ihr könnt! – den kleinen roten Gummiball aus den Tagen meiner Kindheit: jenen kugelförmigen KÖNIG, der eines Abends einfach unter den großen alten Schrank rollte ...

Wenn dereinst ich sterbe –.

»Cuando yo me muera«, sang Lorca. – Ich möcht' den roten Ball, den ich in Träumen, Gott weiss!, so manchmal suche in dem kostbaren Zimmer: Kapellenstrasse 6 / Laupheim (zwischen Ehingen und Schwendi!) … Ihn möcht' ich noch einmal halten, herzen, hofieren – und schleudern!

Verzeiht mir diese traurige Einleitung, diese – soll ich sagen – Paraphrase über das Thema CUANDO YO ME MUERA …

SIRDA

Novelle

Meinem kleinen Daniel gewidmet

1948

Im Gefängnis zu Onraco.
Sehr geehrter Herr Doktor!

Es liegt mir daran, Ihnen zu beweisen, daß es nicht sturer Eigensinn war, der meinen Mund bis zu dieser Stunde so fest versiegelte. Ganz abgesehen davon, daß ich die unheilvolle Schwäche, die wir Menschen als Eigensinn zu bezeichnen pflegen, schon im Jünglingsalter für etwas Törichtes und Lächerliches hielt, hatte ich doch Ihnen gegenüber wahrlich nicht den geringsten Grund zu einer so feindseligen Haltung. Denn wer außer Ihnen hätte daran gedacht, mit einem kleinen Licht in die große Finsternis meiner verflossenen Stunden hineinzuleuchten? Niemand, sehr geehrter Herr Doktor, niemand ...

Sie waren der einzige Mensch, der mich nicht mit dem selbstherrlichen Blick des Verachtenden begrüßte, wenn ich von meinem Wärter in das Untersuchungszimmer geführt wurde. Nicht als mein Verteidiger, als mein Anwalt kamen Sie zu mir – nein, jedesmal war es mein Bruder, mein Bruder Mensch, der sich bemühte, mich zu verstehen, ohne richten zu wollen.

Und ich blieb stumm. Und nun scheint es mir heute nicht ausgeschlossen, daß Sie mein großes Schweigen, das wohl in gewissen Augenblicken unheimliche Formen angenommen hatte, für die zwar nicht mehr neue, dafür aber umso schärfere Waffe eines eigensinnigen Trotzkopfes halten mußten.

Dies, sehr geehrter Herr Doktor, kam mir in der verflossenen Nacht so erschreckend deutlich zum Bewußtsein, daß ich das gedämpfte Licht dieser morgendlichen Stunde mit brennender Ungeduld erwartete; denn in dieser ersten Stunde eines düsteren Tages im Spätherbst will ich versuchen, das niederzuschreiben, was mein Mund nicht aussprechen konnte. Vielleicht haben Sie alles geahnt? Vielleicht waren Sie deshalb so sehr mein Bruder? –

Vieles von dem, was ich Ihnen nun sagen werde, mögen Sie auch ohne meine Worte gewußt haben, denn in Ihren Augen war zu keiner Stunde jener selbstgefällige Funke dessen, der glaubt, seinen schuldig gewordenen Nachbar verachten zu müssen.

Ja, sehr geehrter Herr Doktor, Sie können nicht allzusehr erstaunt sein über das, was Sie nun lesen werden, denn Sie haben mir einmal mit zwei Worten verraten, daß Sie einer sind, den Gott in das große und schwere Leben eines Dichters hineinwachsen ließ. Ja, und die Dichter verstehen tief, tief in alle Wesen hineinzuhorchen; sie hören nicht nur den Herzschlag und das schrille Läuten eines Weckers – sondern auch die gedämpften Fragen der Sterbenden und ihre vom Nachtschweiß feuchten Angstlaute ...

Nun fällt es mir nicht mehr schwer, alles niederzuschreiben. Ich weiß, daß Sie mich verstehen werden; und es ist gut in dieser Stunde, dies zu wissen.

Bald wird das Urteil über mich gesprochen – das gerichtliche Urteil. Kann der Richter auch nur ahnen, was in mir vorging, als ich den liebenswürdigen Maler tötete? ... Er wird nichts von alledem wissen, da ich ja selbst so erbärmlich wenig darüber weiß.

Und wer wird es mir glauben, wenn ich sagen werde, daß ich den Maler niemals töten wollte, da ich ihn doch liebgewonnen hatte? Wer wird es mir glauben?

Sie, sehr geehrter Herr Doktor, werden verstehen, was das heißt, wenn ich zum Richter sprechen werde: »Herr Richter! Es gibt Menschen, die wissen oftmals erst, daß sie den Bruder totgeschlagen haben, wenn sie an seiner Bahre stehen.«

Mögen Ihnen die folgenden Seiten das sagen, was mein Mund nicht aussprechen konnte. Sie wissen ja, wie wenig ein Mensch zu sagen imstande ist, wenn das fürchterliche in seiner unfaßbaren Größe immer weiter und tiefer in die gemarterte Seele hineinwächst ...

Ihr dankbarer Silvain Préval.

Es ist gut, auf dem kleinen Balkon zu sitzen und den zwei weißen Schmetterlingen zuzuschauen, die in vollendeter Anmut von einer lilafarbenen Herbstaster zur andern fliegen. Und auch das kleine Lied des in der schlanken dunklen Zypresse versteckten Vogels ist leicht und süß an einem seidenen Morgen im Oktober.

Man könnte glauben, es sei noch einmal Sommer geworden. Nichts würde dagegensprechen, lägen nicht die purpur- und zinnoberroten Blätter überall auf den schmalen Wegen im Park. Ja, wenn die Blätter lautlos sich vom Baume lösen und tot zur Erde niedergleiten, wenn dürres Laub unter deinen Füßen raschelt, so weißt du, daß der Sommer zu Ende sein muß – denn die Blätter sterben doch im großen Herbst ihren leichten Tod.

Das weiß sogar schon die kleine Erika, die heute wieder sehr früh mit Mialau, der schwarzen Katze, auf dem Arm über die steilen schmalen Steintreppen zum See hinuntersprang. Erika ist die jüngste von drei Töchtern; und Frau Maas, die das Ferienhäuschen Santa Maria bewohnt, ist stolz auf ihr Jüngstes. Erika ist ein kleiner Engel und ein kleiner Teufel – je nach Laune. Sie ist das reizendste Mädchen, das ich kenne; und ich bleibe dabei: wer Erika nicht liebt, der hat kein Herz im Leib und ist ein armer armer Mann.

An einem solchen Morgen pfeift der Briefträger ein helles Lied, während er die vielen schmalen Treppen zur Casa Riposo heraufsteigt. Schon von weitem dringt sein Trillerpfiff an mein Ohr.

Dort drüben, im Ferienhäuschen Miralago wohnt ein junger Maler. Auch er muß den Mann mit der Posttasche erblickt haben, denn er geht ihm entgegen. Erwartungsvoll leuchten seine Augen. Ein Brief von Marion? ... Ja. ich weiß, daß er auf diesen Brief wartet. Er hat es mir gestern bei einem Glas Nostrano erzählt. Und dabei brannten seine Augen vor Enttäuschung so verzweifelt wie die Augen eines kleinen betrogenen Jungen. Zwei Tage wartet er schon auf einen Brief von ihr – zwei volle Tage! Weiß man denn, wie der Schlag seines Herzens in den beiden endlos sich dehnenden schlaflosen Nächten die Sekunden, Minuten und Stunden zertickte, bald in banger Sehnsucht, bald in stürmischer Glückseligkeit?

Und nun sehe ich, wie er dem Briefträger entgegenspringt. Und beide bleiben stehen. Der Mann, der Freude und Glück, Kummer und Qual in der schwarzen Tasche mit sich herumträgt, nimmt Zeitungen und Briefe zur Hand und sucht ... und dann reicht er dem jungen Maler einen Brief. Ja, ich kann es von hier aus deutlich erkennen, daß es ein Brief ist. Und dann geht er weiter, der Mann, der so viel helles und dunkles Geschick in die Häuser der Menschen bringt.

Der junge Maler steht noch immer auf der Stufe, auf der ihm der Postmann den Brief gereicht hat. Eine unsagbare Glückseligkeit liegt in dem Antlitz des lesenden Malers. Was für ein guter Brief muß das sein, denke ich ... Ein Brief von Marion? Gewiß!

Ich beneide den jungen Maler nicht um seinen Brief – im Gegenteil. Ich freue mich mit ihm, daß Marion geschrieben hat. Nun ist doch endlich das Traurige und Schwere, das in zwei Tagen so groß geworden war, aus seinen blauen Augen gewichen.

Er hat Marions Brief gelesen; er wird ihn bestimmt noch viele Male lesen, wenn er in Miralago vor seiner Staffelei steht. Bald kennt er diese Worte auswendig, genau so wie er die andern Worte von Marions Hand auswendig kennt. So viel Zeit verschwendet er dafür. Er hat mich erblickt. Mit seinem glühenden Gesicht und seinem ganzen Herzen lacht er zu mir herauf. »Marion hat geschrieben, Herr Préval! Marion hat geschrieben!« Und das klingt so, als ob er sagen wollte: »Man hat meine Bilder im Louvre ausgestellt …« So viel ist das.

»Ich weiß«, rufe ich ihm zu, »ich weiß, weil ich Sie von Herzen und mit dem ganzen Gesicht strahlen sah. Ich freue mich für Sie!«

Inzwischen ist der Mann mit der Posttasche auch bei mir hier oben angekommen.

»Buon giorno. signore!« ruft er mir zu, der freundliche Mann, der nun in den Augen des jungen Malers ein Glücksbringer ist.

»Buon giorno, signore! Un bel giorno, un giorno del Signore«, erwidere ich.

»Si signore, un giorno del Signore, un giorno divino.«

Und dann geht er weiter, der breitschultrige junge Mann. Er sagt immer nur »signore«; meinen Namen kennt er nicht. Ich habe hier keinen Namen. Das ist gut so.

Ich weiß, daß der Mann mit der Posttasche sich wundert, daß ich nun schon bald vier Wochen hier wohne und niemals einen Brief – ja, nicht einmal eine Karte erhalte. »Questo è veramente strano«, denkt der Briefträger. Ich sehe es ihm an, daß er so denkt.

Ich könnte es ihm natürlich sagen, daß ich seit vielen Jahren in einem kleinen Städtchen wohne. Und dann könnte ich ihm auch erzählen, warum ich hierhergezogen bin. Und vielleicht müßte er lachen, wenn ich ihm anvertrauen würde, daß Berge von Post auf meine Rückkehr warten – Berge von Post, die ich nicht versetzen will. Sie sollen ruhig liegen bleiben, die Briefe und Karten, die großen gelben Couverts und die Pakete mit Büchern. Und wenn ich ihm schließlich sagen würde, dem Manne mit den gutmütigen großen Kinderaugen, daß ich diese Briefe, Karten und Pakete niemals empfangen und öffnen werde, so könnte er nur seinen Kopf schütteln und denken: »Che pensiero trano ... Che uomo singolare ...«

Aber er weiß eben nicht, der Mann, der so lustige Liedchen pfeift, wenn er an einem blauseidenen giorno del Signore nach Riposo und Miralago heraufsteigt, daß der signore, der gar nie nach der Post frägt und ihm, ohne etwas zu erwarten, einen buon giorno wünscht, auch einmal den Mann mit der Posttasche in brennender Ungeduld herbeigesehnt hatte. Genau wie der junge Maler aus Miralago war der signore vor langer Zeit Tag für Tag dem Mann mit der Wundertasche entgegengesprungen. Damals hatte der signore ohne Namen das Kommen des Briefträgers gesegnet. Damals hatte Judith geschrieben: gute große Briefe mit schönen Worten. Und manchmal hatte sie mitten in einem Satze eine Herbstzeitlose oder einen kleinen roten Glückskäfer mit schwarzen Punkten auf das Papier gezeichnet. Das war dann geschehen, wenn sie geschrieben hatte: »Es ist Herbst geworden. Ich bin ein wenig traurig ... Viel Sehnsucht habe ich nach dir, Sirda, viel Heimweh.« (Ja, Sirda hieß der signore, wenn Judith zu ihm redete.) »Heute fand ich schon Herbstzeitlosen. Willst du sie behalten und liebhaben, die kleine blaßblaue Blume?«

Oder ein anderes Mal: »Die ganze große Welt ist leer, wenn du nicht bei mir bist und mich mit deinen Augen das Wunderbare in diesem Sommer sehen läßt ... Ich habe einen Glückskäfer gefunden, einen richtigen Glückskäfer. Kannst du ihn nun erkennen? Und wie kurz ist sein Leben, wie kurz! Findest du das nicht traurig? – Hab ihn lieb, wenn du an ihn denkst – und denk auch an mich, Sirda und wisse, daß die Liebe das einzige unter Menschen ist, das nicht stirbt, wenn der Tod sein großes Wort spricht.«

Das alles weiß der Mann nicht, der den jungen Maler so reich gemacht hat an diesem wunderblauen Herbstmorgen. Ja, signore, man weiß so wenig von den Menschen, wenn man ihnen keine Briefe bringen darf. Und auch von denen, die Tag für Tag Briefe empfangen, weiß man im Grunde genommen erbärmlich wenig, signore, erbärmlich wenig ...

Nicht nur der junge Maler hat heute seinen großen Tag, sondern auch ich, Silvain Préval. Ja, heute ist kein gewöhnlicher Tag, nicht irgend einer, der einfach in aller Frühe mit der Dämmerung anhebt, allmählich dann in alle Dinge hineinsickert und Besitz ergreift von allem, was da lebt, um sich dann langsam vor dem sich heranwälzenden Abend zurückzuziehen. Nein, ein solcher Tag ist heute nicht. Heute ist einer von den Tagen, die sich für dich, Silvain Préval soweit fortgestellt haben, daß es eines hellen

Lichtes bedarf, um in einem großen Traume ihren Rand zu beleuchten.

Judith kommt heute! Das weiß ich, obgleich mir der Briefträger kein Zeichen von ihrer Hand brachte. Es gibt Dinge, die man so sehr fühlt, daß es keiner schriftlichen oder mündlichen Bestätigung bedarf, um ihrer Existenz sicher zu sein. Judith kommt mit dem Zug, der um die Stunde des Sonnenuntergangs in Onraco einfahren wird. –

Die Glocken im Campanile schlagen bereits die erste Stunde am Nachmittag, und ich stehe noch immer vor der kleinen Konditorei, die nicht müde wird, ganz versteckt und verloren hinter dem großen Campanile von versunkenen Tagen zu träumen. Feines weißes Brot liegt stolz neben reichverzierten Kuchen. Und Marzipan gibt es hier: Glückskäfer, große rote mit kleinen schwarzen Punkten und rosarote Schweinchen, pechschwarze Kaminfeger und dunkelrote Herzen ... alles aus Marzipan.

Nur noch der Wein fehlt. Judith liebt den Wein nicht allzusehr, und doch muß er an besonders festlichen Anlässen im Glas funkeln. Es kann doch geschehen, daß Judith ihr Glas erhebt und mir zutrinkt: »Auf unsere Zukunft ... auf Amadeus!« Und was soll ich beginnen, wenn kein Wein auf meinem Tische steht? Nein, das wäre nicht auszudenken.

Weiß einer, was das heißt, wenn ein Mann ein Zimmer ordentlich herrichten, einen Tisch festlich decken, zwei lange weiße Brote mit einem uralten Messer zersägen (ja, wirklich zersägen) und die Brotscheiben mit all den Herrlichkeiten aus dem Kolonialwarenladen belegen muß? Und begreift einer, wie viel das ist, wenn dieser Mann ein paar von den zauberhaft dunkelgrünen Blättern des Camelienbaumes, die so wundersam glänzen, in die erdbraune Vase stellen und auch noch einen kleinen Zweig von der königlichen Zypresse brechen muß – und das alles in einer Stunde?

Verschwenderisch schüttet die Sonne ihr flimmerndes Gold in den weiten See. Der Abend spinnt einen zarten Schleier aus bläulichem Dunst über den weißen Palast und die Phönixpalmen auf der grünen Insel; und der Himmel schaut verträumt auf den Cirimaro und die halbzerfallenen Häuser von Roncaro. Und blau ist dieser Himmel – blau und grün; und unsagbar ist dieses Blau und dieses Grün, das der Himmel den sehnsüchtigen Menschen zeigt.

Mitten im abendblauen Wasser funkeln die Lichter eines kleinen Schiffes. Es ist das letzte Schiff, das von Anoscia nach Brega fährt. Es müßte gut sein, sich in dieser Stunde über die dunklen Wellen tragen zu lassen und die vielen blinkenden Lichter am Quai von Onraco zu schauen.

Später stehe ich auf dem Bahnsteig. Mein Herz pocht so ungestüm, daß ich meine rechte Hand zur Beruhigung darauflegen muß. Der Zug fährt ein. Wagentüren werden aufgerissen. Zwei hagere alte Frauen entsteigen dem ersten Wagen. Auf dem Rücken eines armen Koffers prangen blaue und rote Etiketten. Und der Neugierige erfährt, mit welch vornehmem Gepäck er es hier zu tun hat. Dem zweiten

Wagen entsteigen ein paar Bäuerinnen mit großen schweren Körben. Und dann kommt Judith.

Und wieder ist jenes gefährliche Brausen in meinem Ohr, ein Brausen, das vom Strom der Ängste und Freuden mitgerissen wurde, vom Herzen zum Ohr und vom Ohr in die Schläfen ...

Judith muß mich schon lange gesehen haben, denn sie winkt mit ihrer schmalen rechten Hand. So hell ist alles in ihrem Antlitz; und das will heißen: »Ich bin glücklich, daß du da bist, Sirda!«

Langsam steigen wir die vielen holprigen Stufen zur Casa Riposo empor. Die Königin des Himmels hat zur Nacht ihr festliches Kleid angezogen. Zahllos sind die Sterne, die von Engelshänden auf den schwarzblauen Mantel gestickt worden waren. Einen solchen Mantel kann die Königin des Himmels in der Nacht tragen, nur die Königin des Himmels ...

Die Sterne silbern über dem Cirimaro und dem Carone. Zauberhaft stehen die hohen Zypressen in ihren schwärzlichen Gewändern dort unten im Park. Die Lichter von Anoscia grüßen zu uns herauf. Es ist eine stille Nacht, mit Sternen und Lichtern, die, wie Perlen an einer hauchdünnen Schnur, an den Ufern des Sees glitzern.

Judith bleibt stehen, schaut mir lange in die Augen und küßt mich mitten auf den Mund. Das kleine Lied der Wellen dringt wie von weit her an mein Ohr und vermählt sich mit dem großen Gesang meines Blutes.

Ich schließe die Tür zu meinem Häuschen auf. Lange verharre ich im Dunkel und küsse Judith. Vielleicht sind die Tränen meinem Herzen näher als das

Lächeln ... Aber es ist dunkel, und Judith weiß das nicht.

Und nun kommt alles, wie ich es mir auf dem Weg zum Bahnhof ausgemalt habe – nein, tausendmal herrlicher kommt es über mich. Judith steht wie versteinert vor den Broten und dem feinen Gebäck, vor dem Wein und den Blättern, die so wundersam in der erdbraunen Vase glänzen. Und dann löst sich ihr Staunen und weicht der Ergriffenheit. Stürmisch legen sich zwei Arme um meinen Nacken.

Ich lösche das Licht und trete mit Judith auf den kleinen Balkon. »Siehst du, wie hell die Lampe vor Gottes unsichtbarem Palaste brennt, wenn zwei Menschen glücklich sind?« flüstere ich und zeige mit der Hand auf das volle gutmütige Gesicht des Mondes.

»Sag, Sirda, muß man so lange einsam sein in der Nacht, um in einer Stunde dieses Glück empfangen zu dürfen?«

»Ja, Judith, das muß man ...«

Schweigend sitzen wir uns gegenüber und erheben das Glas. Judiths linke Hand tastet sich vorsichtig über den Tisch und bleibt auf der meinen liegen. Wie heiß sie ist, diese kleine Hand!

Ich fülle die leeren Gläser mit dem dunklen Blut der Trauben. Judith wehrt sich bestimmt dagegen.

»Nicht mehr, Sirda, bitte nicht mehr! Du weißt doch, wie leicht ich einen Rausch bekomme.«

Ich lächle. »Wäre das so schlimm an diesem Abend? Sind wir nicht beide berauscht vom Glück des Wiedersehens, von der Liebe, die mit unserem Blut durch unsere Körper strömt und im Herzen so gefährliche Lieder singt?«

Judith weiß das und läßt es ruhig geschehen, daß ich ihr Glas noch einmal fülle – noch einmal und wieder. Der Wein ist so dunkel, und die Nacht ist so hell, wenn alle Sterne auf dem schwarzblauen Mantel der Himmelskönigin brennen.

Judith erzählt von den Tagen, in denen das Schwere übermächtig geworden. Es sind traurige Worte, die sie ausspricht. Aber dann meint sie lächelnd: »Und nun erzähl du, Sirda! Aber etwas Schönes, eine Geschichte – ja, eine Geschichte aus dem Lande der Elfen und Nixen. Weißt du noch, wie schnell du immer eine solche Geschichte erfunden hattest?«

Ich überlege einen Augenblick – und dann weiß ich, was für eine Geschichte ich nun erzählen will. Denn nicht jede Geschichte paßt zu jeder Stunde. Ja, es ist eine wahre Geschichte, die ich nun erzählen werde.

Judith unterbricht mich, und ein schalkhaftes Lächeln spielt um ihren roten feuchten Mund. »Aber ist es auch wirklich eine wahre Geschichte, die du nun erzählen wirst?«

Da muß ich laut auflachen. »So mißtrauisch? Du scheinst mit dem alten Lionder verwandt zu sein. Oder hast du ihn etwa gar nicht gekannt, den alten Herrn?«

Judith schüttelt verneinend den Kopf.

»Nun, so will ich es dir sagen. Der alte Lionder war noch in seinem dreiundachtzigsten Lebensjahr ein Wunder an geistiger und körperlicher Frische. Und Bücher las der alte Herr – jede Woche ein anderes. Er verschlang die kostbaren Worte der großen Meister genau so begeistert wie die schalen und bleichen Worte der falschen Propheten. Die Hauptsache war, daß die langen Stunden an düsteren Winterabenden auf angenehme Weise vergingen.

Ich habe den alten Herrn einmal besucht, als seine dunklen Augen gerade auf der vorletzten Seite jenes wunderbaren Buches verweilten, in dem ein Dichter den Lazarettarzt Hjerrild sprechen läßt: ›Ich habe so viele Dutzende sterben sehen, es tröstet immer, die Erinnerungen hervorzuholen. Lassen Sie uns ehrlich sein; wir mögen sein, wie wir es nennen wollen, aber wir können Gott doch nie ganz aus dem Himmel entfernen; unser Hirn hat ihn sich zu oft dort oben gedacht, er ist hineingeläutet und hineingesungen worden, seit wir kleine Kinder waren.‹

›Nehmen Sie Platz, junger Mann‹, hatte er gesagt, ›und entschuldigen Sie, wenn ich noch diese zwei Seiten zu Ende lesen möchte.‹

Natürlich verstand ich das. Ich trat ans Fenster und schaute in den wachsenden Abend hinaus. Tief unter mir schliefen die Dächer der Stadt – eines wie das andere fein säuberlich von reinem Schnee zugedeckt. Da und dort stieg Rauch aus einem Kamin zum Himmel auf ...

Plötzlich wurde ich durch das energische Zuschlagen eines Buchdeckels aus meiner kleinen Träumerei aufgeschreckt. ›Alles Schwindel, alles erlogen‹, kam es bestimmt von den Lippen des alten Herrn. Ich konnte, während ich mich ihm zuwandte, ein Lächeln nicht verbergen. ›Hat Ihnen das Buch nicht gefallen, Herr Lionder?‹ fragte ich besorgt. ›Im Gegenteil‹, erwiderte er begeistert, ›ausgezeichnet hat es mir gefallen, sonst hätte ich es doch in Ihrer Gegenwart nicht zu Ende gelesen. Es ist ein schönes Buch. Ach, wissen Sie, junger Mann, es gibt so viele schöne Bücher – aber jedesmal, wenn ich so ein Buch am Ende zuschlage, muß ich es aussprechen: Schwindel, alles erlogen ...‹

Da hat er dann selbst laut auflachen müssen, der alte Herr.«

Judith zwickt mich zärtlich in den Arm. »Du Böser, du ... Nun erzähl deine Geschichte, deine wahre Geschichte.«

»Ja, es ist eine wahre Geschichte«, beginne ich, »eine, die nicht von Elfen und Nixen handelt; und weil sie noch keinen Namen hat, so heißen wir sie die Geschichte von Daniel und Josua auf dem Schimmel.

Es war im April dieses Jahres (also vor ungefähr sechs Monaten), an einem jener Tage, die man am besten zu Hause verbringt, wenn nicht gerade zwingende Geschäfte zum Ausgehen veranlassen.

Die Frauen hatten ihre zierlichen Regenschirme geöffnet und kämpften nun verzweifelt, hin und wieder einen Fluch auf den Sturm (wie sie es nannten) ausstoßend, gegen den frechen Wind. Es war um die Mittagszeit. Schon spien die hohen Geschäftshäuser Männer und Frauen durch die großen Portale aus. Nun würden sie wieder für zwei Stunden Ruhe haben, die Arbeitsräume, Treppen und Lifts.

Gerade um diese Stunde war es, daß ich den Knaben fand, der vor einem schwarzen Schacht stand, welcher das Wasser der großen und kleinen Regen zu sammeln hatte. Der Knabe weinte unaufhörlich. Er schien sich weder um Regen und Wind, noch um die Frauen und Männer zu kümmern. Ich ging auf ihn zu, schaute ihn (wie ich heute noch glaube) freundlich an und bemerkte, daß er ein tiefes Leid haben mußte. So wenigstens stand es in seinen traurigen Augen geschrieben. Er war ärmlich gekleidet und mochte zehn oder elf Jahre zählen. Ich legte meine Hand auf sein blondes durchnäßtes Haar und erkundigte mich nach dem Grunde seines Kummers.

Ach, etwas Fürchterliches war geschehen! Der böse Wind hatte ein Bildchen, das der Knabe unvorsichtigerweise für einen Augenblick nicht ganz fest zwischen Daumen und Mittelfinger gehalten, in den Schacht geblasen. Dort unten lag es nun bei den vielen verfaulten Blättern und dem übelriechenden Schlamm. Es war kein gewöhnliches Bild – nicht irgend eines, das man im Laden kaufen konnte. (Gerade um die Ecke war eine Papeterie, und dort wollte ich ... Aber da hatte ich mich sehr getäuscht!) Sein Bild war nirgends käuflich zu erwerben, das wußte er ganz genau. Überhaupt: konnte ich denn wirklich glauben, daß man so ein wunderbares Bild in einem Laden feilbiete?

Er hatte aufgehört zu weinen und blickte mich nun aus den großen blauen Träumeraugen mitleidvoll an. ›Kaufen – so ein Bild kaufen‹, dachte er immer wieder und verstand plötzlich, daß nur ein Erwachsener so einfältig sein konnte.

Nein, seinen Josua, auf dem herrlichen Schimmel konnte man nicht kaufen. Der Religionslehrer hatte ihm dieses prachtvolle Bild als Auszeichnung für Fleiß und gutes Betragen geschenkt. ›Josua gebietet der Sonne still zu stehen‹ stand darunter. Das wußte er noch ganz genau. Überhaupt wird er nichts mehr vergessen können von dem Wunderbaren.

Josua saß, in ein kostbares dunkelblaues Gewand gehüllt, auf einem schneeweißen Schimmel. Auf seinem Haupte glänzte ein goldener Helm. Ja, dieser Helm war aus wirklichem Golde! Ein purpurnes Tuch lag auf dem Rücken des Pferdes. Krieger in prächtigen Uniformen kamen auf braunen und rötlichen Rossen hinter Josua. Aber keiner außer ihm hatte einen Schimmel so weiß wie Schnee. Josua entgegen stürmten die feindlichen Reiter. Eine teuflische Schlacht war im Gang. Ein paar Verwegene, die zu weit vorgedrungen waren, lagen tot im rötlichen Sand. Es war ein grauenhafter Anblick ... Aber oben, durch die Wolken brach das Sonnenlicht und flutete auf Mensch und Tier herab. Und Josua hatte zu Gott gebetet und in Gegenwart der Israeliten ausgerufen: ›Verweile, Sonne, in Gibson, und du Mond, im Tale Ajalon!‹ Und Sonne und Mond standen stille, bis der Feind überwunden war. Fast einen ganzen Tag verweilte die Sonne in der Mitte des Himmels, ohne unterzugehen. Und es war wie dieser Tag keiner, weder vorher noch nachher, wo Gott der Stimme eines Menschen Gehör gab und für Israel stritt ... So hatte es der Religionslehrer erzählt.

Die Augen des Kleinen hingen flehentlich an mir. Ich möchte doch eine Leiter holen und in den Schacht hinabsteigen. Dann könnte ich ihm Josua auf dem Schimmel zurückgeben.

Ich war ratlos. Was sollte ich angesichts von so viel Anhänglichkeit und Traurigkeit tun? Da fiel mir plötzlich ein (und ein wahres Glücksgefühl bemächtigte sich meines ratlosen Herzens), daß ich ja zu Hause irgendwo in einem alten Kästchen ein paar Bilder aus dem Religionsunterricht haben müßte. Auch ich hatte sie ›zur Belohnung für Fleiß und gutes Betragen‹ erhalten. (Ob ich sie verdient hatte, weiß ich heute nicht mehr.) Und warum sollte nicht zufällig Josua auf dem prächtigen Schimmel darunter sein? Und wenn schon nicht Josua auf dem Schimmel, so vielleicht Daniel in der Löwengrube ... Das konnte dem Kleinen doch auch ein Trost sein!

Schweigend ging er neben mir her. Hin und wieder blickte er fragend zu mir auf, und plötzlich kam es von seinen Lippen: ›Nicht wahr, Josua war der einzige Mensch, den der liebe Gott so lieb hatte, daß er sogar die Sonne stillstehen ließ?‹ Und dann fuhr er verächtlich fort: ›Heute gibt es keine Menschen mehr, die das vollbringen könnten. Das glauben Sie doch auch?‹ Und dabei schaute er mich aus seinen traumblauen Augen groß an.

Natürlich glaubte ich das auch. Da hatte er ganz recht, der kleine Junge mit den großen Gedanken.

Die Menschen haben gar keine Zeit mehr für den lieben Gott – und warum sollte ER noch solche Wunder für sie tun?

Wir waren bei mir zu Hause angelangt. Ich öffnete ein altes Kästchen aus Ebenholz und zog mit jedem Bildchen, mit jedem Stein, mit jeder gepreßten Blume einen verwunschenen Prinzen, ein goldenes Schloß und einen verzauberten Garten aus dem Kinderland hervor. Da! Das waren also die bunten Bilder, die ich zur Belohnung für Fleiß und gutes Betragen – zu Recht oder zu Unrecht – erhalten hatte.

Die Augen des Jungen leuchteten erwartungsvoll. War der Josua auf dem schneeweißen Schimmel darunter? Und würde ich wirklich mein Versprechen halten und ihm, gerade ihm, dem armen Jungen, meinen herrlichen Josua geben? ...

Er wurde plötzlich mißtrauisch. Ich hatte es bemerkt und begann sogleich, die Bildchen vor seinen Augen auf dem Tische auszubreiten. Ach, es waren nur noch drei – und kein Josua war darunter ... Das hatte auch der Kleine sofort erkannt, denn die Tränen standen schon wieder in seinen schönen Augen. Ich nahm ihn auf den Schoß und versuchte, ihm die drei Bildchen näher zu bringen.

Da war einmal Nathans Bußpredigt zu David. In der Mitte eines großen dunkelblauen Raumes stand Nathan. Er trug ein langes weißes Gewand und über demselben einen weinroten Mantel. Mit dem Zeigefinger der linken Hand deutete er auf den in der Ecke kauernden David. Dieser hielt die Linke vors Gesicht. Ob er weinte? Ich glaube, daß er sehr traurig war ... Neben ihm stand die geliebte Harfe. Nathan war im Auftrag Gottes gekommen, um dem König David zu sagen, wie häßlich dieser an seinem Kriegsobersten Uria, dessen Frau Bathseba er begehrte, gehandelt hatte. Es war ein rührendes Bild, Nathans Bußpredigt zu David. Der Kleine aber sagte unter Tränen: ›Sie haben mir Josua versprochen.‹ Schnell nahm ich das zweite Bildchen zur Hand.

Simson saß auf seinem Lager. Finster blickte er zu Boden. Alle Kraft war von ihm, dem Starken gewichen, seit Delila, die Hinterlistige, dem Schlafenden das Haupthaar abgeschnitten hatte. Stolz stand sie nun in ihren prunkvollen Gewändern und dem goldenen Geschmeide vor ihm. Spott war der Zug um ihren Mund. Bosheit das Feuer in ihrem Auge. Mit dem Rufe: ›Philister über dir, Simson!‹ hatte sie ihn geweckt. Da er nun von seinem Schlaf erwachte, gedachte er: ›Ich will ausgehen, wie ich mehrmals getan habe; ich will mich losreißen – und er wußte nicht, daß der Herr von ihm gewichen war.‹

So stand es im Buche der Richter geschrieben. Und dann waren die Philister über ihn hergefallen, hatten ihm die Augen ausgestochen und ihn in Ketten in das Gefängnis geführt.

Daniel, so hieß der Kleine, welcher seinen Josua wieder haben wollte, war aufgesprungen. Er würdigte mich keines Blickes mehr; er wollte gehen.

Da versuchte ich es ein letztes Mal. Ich nahm ihn beim Arm und zog ihn zu mir aufs Sofa zurück. Und nun zeigte ich ihm ein Wunder an Farbenpracht und Ausdruck der Gesichte: König Belsazars Gastmahl. Die gigantische Säulenhalle, die in Purpur und Gold gehüllten Zecher, die betrunken in den kostbaren Sesseln und auf den Marmorfliesen lagen, die silbernen und güldenen Geräte, die der König frevlerisch aus dem heiligen Tempel hatte rauben lassen – und plötzlich die von geheimnisvoller Hand an die Wand geschriebenen Worte ›Menē, Menē, Thekel u-Pharsin‹ … Und das schreckensbleiche Antlitz des betrunkenen Königs. –

Der kleine Daniel hatte sich erhoben und stand nun stolz wie ein Sieger vor mir. In diesem Augenblick war sein Antlitz von einer unaussprechlichen Schönheit. Ich habe niemals in Augen geschaut, die so viel herrlichen Stolz – und zugleich so viel ehrliche Trauer eines Enttäuschten ausdrückten.

›Warum lügen Sie mich an? Warum versprachen Sie mir Josua und wollen mir doch nur Simson oder David oder Belsazar geben?‹

Unter der Tür blieb er noch einmal stehen. ›Sie wissen nicht, was das heißt: Josua gebietet der Sonne still zu stehen ... Sonst könnten Sie mir nicht den Belsazar geben wollen. Josua auf dem Schimmel will ich wieder haben – und die Sonne, die auf Befehl Josuas nicht unterging. Ich werde eine Leiter holen und in den Schacht hinabsteigen ...‹

Seine Augen leuchteten wie die Augen eines Propheten; ein kleiner Heiliger stand im Türrahmen.

›Sie wollten mir ein Bildchen geben, irgendeines –.‹ Und dann schaute er mich unsagbar traurig an. ›Das kann man nicht! Es gibt nur einen Josua – und nur einmal verweilt die Sonne einen ganzen Tag lang in der Mitte des Himmels. Ich habe es selbst gelesen, selbst gelesen.‹

Die Tür fiel ins Schloß. Ich war allein.

Vor mir lagen noch immer Simson und Delila, Nathan und David, Belsazar und seine Knechte. Josua aber lag dort unten im Schacht bei den schmutzigen Blättern und Bananenschalen, bei den Zigarrenstummeln und der schlammigen Masse.

Ein prachtvoller Junge! Welch unbestechliches reines Herz, welch großer Glaube! Nicht irgendein

Bild, nein, das Bild mußte es sein. Wie tief hatte er in das Herz der Erwachsenen hineingeschaut, wie sehr ahnte er, daß die ›Großen‹ sich mit einem Ersatz, mit irgendeinem ›Bild‹ begnügten. Er aber mußte Josua auf dem Schimmel haben; das Bild Josuas, oder keines.

Ich saß noch lange über den Bildern meiner Kindheit – und ich wußte plötzlich, daß auch ich einmal, vor vielen Jahren, so ein kleiner Daniel gewesen. Wie reich war ich damals – und wie arm bin ich nun geworden.

Ja, ein Bild sollte man so lieben können, daß man es immer und überall suchen müßte, wenn man es einmal verlieren würde. Und kein anderes Bild dürfte das eine ersetzen. Und man müßte, um es wieder zu gewinnen, auch in den tiefsten Schacht hinabsteigen können.

Kleiner Daniel, ich danke dir für jene wunderbare Stunde. Mögest du deinen Josua wiederfinden. Wenn es aber nicht sein muß, so suche ihn – nur ihn, keinen andern, ein Leben lang.

Solche Treue ist selten, kleiner Daniel! So selten von Mensch zu Mensch …«

Judiths Augen waren geschlossen, während ich die Geschichte vom kleinen Daniel erzählte. Wie aus einem wunderbaren Traum erwachend, öffnete sie ihre großen braunen Augen.

»Ich danke dir, Sirda – mehr kann ich im Augenblick nicht sagen. Ich danke dir von Herzen. Was für eine gute Geschichte! Hast du alles wirklich erlebt?«

Ihre schmalen Finger streichen zärtlich über mein Haar.

»Ja, Judith, das alles habe ich wirklich erlebt. Nur am Schluß meiner Geschichte habe ich geschwindelt.«

Judiths Augen schauen mich fragend an. Judith kann das nicht begreifen, natürlich nicht.

»Sagte ich nicht, daß man ein Bild so sehr lieben sollte, daß man es immer und überall suchen müßte, wenn man es einmal verlieren würde? Und es klingt nun doch so, als ob ich den kleinen Daniel um seine Treue beneiden würde. Und darin, wenn du willst, besteht meine Lüge, denn ich habe von der Stunde an, da ich dir begegnet bin, nur dein Bild geliebt und seit dem Tage, da du von mir gegangen bist, nur dein Bild gesucht – verzweifelt gesucht ... Aber ich war zu stolz, zu selbstherrlich, um es mir einzugestehen. So kam es, daß ich mich manchmal belügen mußte, um meinem Herzen zu beweisen, daß ich dich vergessen könnte, wenn es mein Wille wäre. Es war eine lächerliche, eine törichte Lüge – es war die Lüge eines Ertrinkenden, der, wenn ihm das Wasser schon am Halse steht, noch behauptet, daß es ihm nicht einmal bis zum Knie reiche.«

Eine peinliche Stille ist eingetreten.

»Und doch hat mich der kleine Daniel etwas gelehrt, etwas, das ich zu leicht vergessen hatte: daß die Treue so selten ist von Mensch zu Mensch ...«

Judith schaut zu Boden. Ich kann ihre Augen nicht sehen. Vielleicht hätte ich diese letzten Worte nicht aussprechen dürfen. Aber sie würgen mich seit Stunden, Tagen, Monden in der Kehle ... Ich mußte sie aussprechen, diese Worte meiner bitteren Erkenntnis.

Es hat geklopft – einmal, zweimal.
»Wer kann uns jetzt stören? Nicht öffnen, Sirda!«
Judith klammert sich an meinen Arm.
»Sei ruhig, Liebes, ich schau nach, wer draußen ist, und sage, daß ich Besuch habe.«
Judith hält mich zurück. »Nicht aufmachen, bitte nicht! An diesem Abend darf uns niemand stören, wer es auch sei.«
Ich will mich erheben. Da bringt Judith ihren Mund an mein Ohr und flüstert etwas Zärtliches ... Und so feucht ist dieser Mund, mein Gott! ...
Es klopft wieder. Natürlich, das könnte doch der junge Maler aus Miralago sein. Judith weiß das nicht. Ich habe ihm doch vor ein paar Tagen gesagt, daß ich mich über seinen Besuch freuen würde. Aber zum Teufel! Ausgerechnet an diesem Abend ...
Ich gehe und öffne die Tür. Und da steht er wirklich in seiner ganzen Länge vor mir, der junge Maler. Und wie schön er sich gemacht hat! Tat er das im Gedanken an Marion, oder glaubte er, mir damit eine Freude zu bereiten? Ich führe den Maler ins Zimmer.
»O ich störe. wie ich sehe ... Sie erwarten Besuch, Herr Préval?«
Sagte er nicht: ›Sie erwarten Besuch?‹ Ja, ist er denn blind. der Maler mit dem dichten blonden Haar über der hohen Stirn? Sieht er denn nicht, wie sich Judith vom Stuhl erhebt und ihm die Hand zum Gruß reichen will?

Verwirrt schaut er von mir zum Stuhl, vom Stuhl zum Tisch und wieder auf mich. Das kommt wohl daher, daß ich Judith zulächle, Judith, die immer noch neben ihm steht.

Ich breche das peinliche Schweigen. »Verzeihen Sie, mein Freund, wenn ich heute abend so sonderbar bin. Aber sehen Sie, das kommt daher, daß ich soeben mit Judith zu Nacht gegessen und eine Geschichte erzählt habe, die mich selbst traurig stimmte. Es war eine gute Geschichte von einem kleinen Jungen, der seinen Josua auf dem schneeweißen Schimmel verloren hatte. Es war eine rührende Geschichte ... Und vielleicht habe ich auch in der Freude des Wiedersehens zu viel vom Bordeaux und von unserem Nostrano getrunken ... Ja, Bordeaux und Nostrano, die passen wohl nicht gut zusammen.«

Ich kann nicht weitersprechen. Wie zwei würgende Hände legt sich etwas Fremdes und Dunkles um meine Kehle. Ich öffne das Fenster. Wie gut das ist, daß die kühle Nachtluft, die Luft, in der noch etwas vom Glanz der Sterne und vom Licht des Mondes zittert, zu mir hereinströmt.

»O ich verstehe das, Herr Préval«, kommt es mitfühlend und ernst von den Lippen meines Gastes. »Aber darf ich fragen, wer Judith ist? Sie war soeben hier, wie Sie sagten?«

»Ja, sie war soeben hier – wenn Sie so wollen. Sie ist noch immer hier, gerade neben Ihnen, dort auf diesem Stuhl ...«

Judith hat sich inzwischen gesetzt. Hatte man so etwas schon gehört: ein junger Mann mit Augen im

Kopf, die sehen können, steht vor einer schönen Frau und tut so, als ob er blind sei? –

Die hellen Augen des jungen Malers werden so groß, daß ich einen Augenblick lang befürchte, die Augäpfel könnten aus ihrer Höhle ausbrechen. Es ist eine plötzliche Angst, derjenigen vergleichbar, die ich als Kind beim Anblick eines alten Bildes empfunden hatte. Es war ein Ölgemälde, das einen Krieger in voller Ausrüstung darstellte. Unheimlich flackerten die großen schwarzen Augen in dem bleichen Antlitz des bereits vom Tode gezeichneten Mannes. Das Bild war in einem schweren vergoldeten Rahmen. Und da war plötzlich das grauenhafte Gefühl über den Rand meines kleinen Herzens hinaufgestiegen, daß diese großen Augen aus dem bleichen Gesicht herausbrechen müßten.

Über den wohlgeformten Mund des jungen Malers huscht ein gezwungenes Lächeln. »Sie scherzen, Herr Préval ... Das kommt davon, daß Sie nicht wissen, was Sie mit den vielen Broten anfangen sollen.« Er lacht laut heraus und schlägt sich mit der Hand aufs Knie. Es ist ein unschönes, ein spitzes Lachen, das sehr im Widerspruch steht zu dem wohlgeformten Mund, dem es angehörte. »So viele Brote für einen einsamen Dichter!«

Ich lächle, und das gibt dem jungen Maler die Gewißheit, daß er mich nicht beleidigt hat mit seinem unartigen spitzen Lachen. »Nein, mein Freund, Sie irren. Ich bin in dieser Nacht nicht einsam, und auch die Brötchen sind nicht für mich allein. Judith ist da ...«

Er will etwas einwenden. Ich wehre mit einer Handbewegung ab und bitte ihn, Platz zu nehmen.
»Bordeaux oder Nostrano gefällig?«
»Zur Abwechslung Bordeaux. Nostrano haben wir ja hier in Fülle; nicht wahr. Herr Préval?«
»Gewiß, in Fülle ... Auf Ihr Leben und Ihre Bilder, Herr Lundberg!«

Der junge Maler stößt auf mein neues Buch an – ein Buch, von dessen Entstehung ich selbst noch nichts weiß. Und dann leeren wir die Gläser.

Er ist ein liebenswürdiger Mensch, der junge Schwede Olaf Lundberg. Vor mehr als zehn Jahren kam er als schwerkranker Junge in dieses Land. Die Lungenschwindsucht drohte ihn zu verzehren – und die Ärzte sahen nur noch eine letzte Heilungsmöglichkeit: ein Sanatorium in den Bergen. Und heute? Heute sitzt ein kerngesunder kräftiger junger Mann mir gegenüber und lacht und trinkt. Und wie er trinkt! Ich bin überzeugt, daß er Bacchus schon lange verehrt.

»Nun möchte ich aber doch wissen, was es mit dieser Judith – oder wie sie heißt – für eine Bewandtnis hat. Also los, mein Freund, Silvain Préval!«

Mein Gast ist ein wenig übermütig. Das kommt vom Wein ...

»Judith ist hier; schon den ganzen Abend sind wir beisammen. Wer sie ist? Ja, Judith ist mein Leben. Das ist so, wie wenn Sie sagen ›Marion ist angekommen. Freund Préval‹! So viel ist das - und vielleicht noch viel viel mehr ...

Bevor Sie kamen, habe ich mich mit meinem Leben unterhalten. Ja, seit langer Zeit habe ich heute wieder einmal mit meinem Leben gesprochen … sonst unterhalte ich mich ja meist mit meinem Tode. Mein Leben ist hier, Freund Olaf, es heißt Judith. Ich weiß, daß du das nicht verstehen kannst. Halte mich nur für verrückt, ganz wie du willst. (Ich sage einfach ›du‹ zu meinem jungen Gast. Oh, wenn man zuerst Bordeaux und dann Nostrano getrunken hat, so darf man das schon wagen.) Aber behalte eines im Gedächtnis und vergiß es nie, nie mehr: es gibt Dinge, die man nicht mit dem Pinsel festhalten und nicht in die Wiege eines Wortes legen kann – Dinge, für die es weder Farben noch Worte gibt. Vielleicht könnte man diese wunderbaren Dinge noch am ehesten in Töne formen, in irgendeine Symphonie. Dann könnte man die Augen schließen und auch den Mund müßte man nicht öffnen … und im Ohr wäre dann alles, im Ohr, das ganz Gefäß ist für die Töne, in denen die sonderbaren Dinge schwingen und klingen. Ja, mein Freund, es gibt solche Dinge; und du hast keine Farben, und ich habe keine Worte dafür.«

Olaf Lundberg schweigt und schaut zu Boden. Sein Atem geht schwer, und seine Augen glänzen sonderbar. Ob er wohl über meine Worte nachdenkt, während er den Kopf in seine schönen schmalen Hände stützt?

Ich aber weiß nun, daß ich die Wahrheit gesprochen habe, denn in dieser Nacht liebe ich mein Leben; und der Tod ist ein Fremdling, einer, den mein Herz nicht kennt, wenn er um Einlaß bittet und spricht: »Hier bin ich, Silvain Préval, du hast mich so oft gerufen in der Nacht …« In dieser Nacht weiß mein Herz nichts von jenem fremden Herzen, das mit dem Tod vertraulich gesprochen hat. Judith ist bei mir; und mein junger Freund Olaf Lundberg würde es dem Tod sagen, falls er es mir nicht glauben wollte, daß Judith mein Leben ist.

»Sie haben mir noch immer nicht gesagt, wer Judith ist … Natürlich, es geht mich nichts an.« Olafs Augen sind groß auf mich gerichtet. Sein Blick ist durchdringend. Ich hasse diesen Blick. Warum hasse ich seinen Blick in dieser Minute? Finde ich, daß ganz dicht neben der Frage eine Herausforderung liegt? Ich glaube, daß ich diese Herausforderung hasse.

»Nur Geduld, mein Lieber, du sollst alles erfahren. Aber zuerst sag mir ›du‹! Judith nannte mich immer Sirda. Willst du mich auch so rufen?«

Olaf Lundberg drückt meine Hand. »Auf dein Wohl, Sirda! » Und dabei leert er ein Glas Nostrano auf einen Zug.

Soll ich mich da bloßstellen? Nein, was kann es, schon schaden in dieser Nacht? Noch ein Glas vom Blut der Reben …

»Judith ist meine Frau – oder soll ich sagen: war meine Frau? Das weiß ich in dieser Stunde nicht. Vor etwas mehr als sechs Jahren habe ich sie kennengelernt. Es war an einem Abend im Herbst – hier in Anoscia. Wie verzaubert stand der Campanile in der mondhellen Nacht … genau wie heute. Ach, warum soll ich das alles erzählen? Nein, ich bin zu müde, um eine schöne Geschichte zu erzählen. Und außerdem gibt es Geschichten, die man nicht erzählen kann, weil man sie zu sehr erlebt hat. – Vor vier

Jahren heirateten wir. Und dann kam die große Zeit, da Judith still wurde und nach innen horchte ... Es kam die Stunde, in der sich unser Kind zum erstenmal unter ihrem Herzen bewegte. Nichts war so wunderbar in meinem Leben wie der Augenblick, in dem Judith meine Hand auf ihren Leib legte und flüsterte: ›es will dir etwas sagen‹ ... Da fühlte ich, wie das Unfaßbare die Decke ihres Leibes abtastete – und Tränen des Dankes stiegen über den Rand meines lauschenden Herzens hinauf ... ›Dein Kind‹, sprach die Stimme meines Herzens, ›dein Kind‹!

Und dann schenkte ihm Judith das Leben. Es war ein Junge, und wir nannten ihn Amadeus.

Judith und ich wußten nicht, daß das Glück ein zerbrechliches Gefäß ist. Im Sommer letzten Jahres verbrachten wir einige Wochen in Brega, wo ich an einem neuen Buch arbeitete. Judith war viel allein, da wir den kleinen Amadeus in die Obhut meiner Mutter gegeben hatten.

Eines Tages stellte sie mir einen jungen Maler namens Heinz Koschut vor. Sie hatte ihn beim Baden kennengelernt. Er war von herrlichem Wuchs, blond, hatte große blaue Augen – wenn du willst (aber lache nicht!), so glich er dir ein wenig. Allein, nur äußerlich glich er dir. Er hatte nicht deine offene und beruhigende Art, mit den Menschen zu sprechen. Er war eher verschlossen, und etwas Unheimliches – ja, man könnte sagen, etwas Bestrickendes lag in jenem unergründlichen Blau seiner Augen. Du schautest in einen See, du sahst keinen Grund – alles war fern und unerreichbar: die Schlingpflanzen, die Muscheln, die du nur ahnen, niemals aber mit deinen

Augen sehen konntest. Dunkel und schwer war mir der Gedanke, daß Judith den Mann öfters traf. Eines Abends kam Judith bleich und verstört nach Hause. Ich saß gerade über meiner Arbeit. Sie bat mich um eine Aussprache. Und dann teilte sie mir ihren unabänderlichen Entschluß mit, sich von mir scheiden zu lassen und dem Maler zu folgen ... Den kleinen Amadeus dürfte ich behalten – sie wisse, wie weh mir der Abschied von ihm würde ...

Was soll ich dir weiter erzählen? Judith ging - der kleine Amadeus blieb bei mir. Meine Mutter liebt ihn wie ihr eigenes Kind. Mein Leben war zerstört. Und ich habe seit der Stunde, da Judith von mir ging, keine Zeile mehr geschrieben.

Ein glühender Haß wuchs über den Rand meines Herzens hinaus. Alles war Haß, wenn ich an Judith dachte. Und dieser Haß wurde geschürt von der Sehnsucht, in der ich mich verzehrte. So vergingen die Monde. Vor einigen Wochen erfuhr ich nun von einem Freunde, daß der Maler Judith verlassen habe, um sich einer andern Frau zuzuwenden. Da war denn zuerst das Gefühl einer wunderbaren Genugtuung in meinem Herzen. Und dann (ob ich's mir eingestehen wollte oder nicht) die Hoffnung, Judith möchte an meiner Tür anklopfen, um Einlaß und mich um Verzeihung bitten.

Ja, ich liebe sie noch immer. Vielleicht habe ich sie noch nie mit einer so verzweifelten Hingabe geliebt ... Sie müßte mich nicht mehr um Verzeihung bitten – sie müßte nur eintreten, zu mir kommen und sagen: ›Sirda, hier bin ich wieder ...‹

Das kannst du nicht verstehen, Olaf Lundberg; ich sehe es dir an, daß du das nicht verstehen kannst.«

Dieses Geständnis hat mich selbst so sehr erschüttert, daß ich den verächtlichen Zug, der auffallend groß unter den nach unten gezogenen Mundwinkeln meines jungen Freundes steht, kaum bemerke.

»Diese Frau verdient deine Liebe nicht, Sirda!« Hart und bestimmt kommt es von seinen Lippen.

»Was heißt hier ›verdient‹? Was hat das damit zu tun? Ich liebe sie – und ich werde sie immer lieben müssen.«

Olaf Lundberg weiß wohl, daß unter Menschen viele Arten von Liebe möglich sind; und er ahnt vielleicht, daß die alles verstehende und verzeihende, die mitleidende Liebe die höchste und reinste ist. Aber das alles ahnt er nur in den seltsamen Augenblicken, in denen die hellen und dunklen Träume aus unsichtbaren Quellen in ihn einströmen. In solchen Augenblicken mag es geschehen, daß er erkennt, wie sehr die verzeihende Liebe dem Schilfrohr gleicht, das, sich beugend und duldend, den Sturm erträgt. Ja, Olafs Liebe ist wie der starke Baum: trotzig und stolz. Ein einziger großer Sturm genügt, um den Baum zu fällen … Olaf Lundberg weiß noch nicht, daß man viel gelitten haben muß, um vieles verstehen zu können.

Er erhebt sich und tritt ans Fenster. Lange steht er so und schaut, den Rücken mir zugewandt, in die helle Nacht hinaus. »Eine Dirne! Sie hat dich ruiniert!« Mit einer entsetzlichen Ruhe spricht er es aus. Das hatte ich nicht erwartet, das nicht. Und ich schreie, schreie, daß ich am ganzen Leib zittere: »Sag es noch einmal!«

Blitzschnell, wie von einem gefährlichen Ungeziefer in den Nacken gestochen, kehrt er sich um. Verächtlich mustert er mich mit seinen tiefblauen Augen vom Scheitel bis zur Sohle.

Stolz und Ehrgefühl des Liebenden, der weiß, daß er nichts zur Rechtfertigung der beleidigten Frau anführen kann, bringen mich an den Rand der Verzweiflung – zur Raserei. Ich nehme das Glas, aus dem er getrunken, und schleudere es gegen die Tür. Spitze Scherben kichern meinem Zorn Hohn,

»Nimm das zurück, Schurke! Nimm das zurück!« brülle ich ihn an. Und ich fühle, daß etwas Grauenhaftes geschehen wird, vielleicht schon in der nächsten Sekunde ...

Kalt, gelassen, furchtlos schaut er mir in die Augen. Und wieder ist jene Verachtung für meine Schwäche in seinem Blick. Das kann ich nicht ertragen – nicht in dieser Sekunde.

»Nichts nehme ich zurück, armer Sirda ... Sie ist eine Dirne ... Judith – «

Er kann den Satz nicht mehr vollenden. Ich höre nur noch seine Worte »sie ist eine Dirne« – und ich sehe ihn ... und da steht plötzlich der andere vor mir: der Maler Heinz Koschut. Und ich hasse sein verächtliches Lachen - wie damals, als er Judith von mir nahm ... Und ich greife wie ein Besessener nach einer Flasche ...

»Das habe ich nicht gewollt, das nicht – «. Ich taumle und sehe, wie der junge Maler Olaf Lundberg in die Knie sinkt. Noch kann ich es nicht begreifen, noch nicht.

Der Schläfe entlang führt ein roter Strich, und ein zweiter zieht sich schmal zwischen den unbeweglichen Lippen hin.

»Olaf! Olaf! Ich habe das nicht gewollt, Olaf!«

Das waren meine Worte – und ich höre sie noch – und ich werde sie nie mehr auslöschen können, so lange ich verdammt bin, auf dieser Welt leben zu müssen.

Seine Augen starren mich an: weitaufgerissen – und die Verachtung, die in ihnen war, ist einem stillen Vorwurf gewichen. »Du hast mich getötet, Silvain Préval, du ...«

Und ich weiß nicht, wie das kommt, daß Marion, die ich doch niemals gesehen habe, plötzlich vor mir steht und mich verflucht. Nie mehr wird er seine Augen aufschlagen. Weiß ich denn, ich, was das für Marion bedeutet, wenn sich Olafs Lippen nie mehr bewegen werden, um Worte zu formen? Und weiß ich denn, was für ein herzensguter Mensch der war, den ich nun erschlagen habe?

»Olaf, ich habe das nicht gewollt!« Das ist alles, was ich sagen kann ... Wie wenig ist das, wenn man einen Menschen getötet hat! Wie wenig ist das ... Und doch ist es auch das einzige, was ich vor Gottes Antlitz vorzubringen weiß, wenn er mich fragen wird: »Warum hast du das getan, Silvain Préval?« Denn obwohl Gott alles weiß, so wird er mir doch diese eine Frage stellen: »WARUM?«

Ja, und ich werde noch einmal sagen: »Ich habe das nicht gewollt ...« Und ich werde wissen, daß das keine Entschuldigung sein kann für das Blut, das meine Hand vergossen hat. Und Marion hat ein Recht, mich zu verfluchen; schon allein um des abgerissenen Wortes willen, das nun im Raume irrt, hat Marion ein Recht dazu.

Ja, Olaf, ich habe dich in dem Augenblick getötet, da du ein Wort aussprechen wolltest ... Und ich begreife erst in dieser Sekunde, daß ich nicht nur dich getötet, sondern auch dein Wort verstümmelt, zum Krüppel gemacht habe ...

Was hilft es noch, wenn ich es dir sage, Marion, daß ich das nicht wollte?

POLITISCHE ESSAYS

Die ausgewählten politischen Essays verfasste Siegfried Einstein im März/April 1965 im Rahmen seiner journalistischen Berichterstattung über den ersten Frankfurter Auschwitzprozess u. a. für die ›Andere Zeitung‹ (AZ) – eine linkssozialistische Wochenzeitung, die 1955–1969 in Hamburg erschien. Genaue Angaben zu den Veröffentlichungen der Essays müssen die Herausgeberinnen aus Gründen der Kurzfristigkeit des Projekts schuldig bleiben. Die Scans der Originaltexte in diesem Buch zeigen die vom Autor verfassten Randbemerkungen, die sowohl seinem Buch *Eichmann. Chefbuchhalter des Todes* (1961) entstammen als auch auf journalistische Beiträge und Werke anderer Autoren verweisen.

In den drei Strafprozessen zwischen 1963 und 1968 waren Angehörige der SS-Wachmannschaften von Auschwitz angeklagt. Der erste Auschwitzprozess begann im Dezember 1963 und schloss die Beweisaufnahme im Mai 1965 ab. Sechs Angeklagte erhielten eine lebenslange Haftstrafe, zehn Angeklagte Freiheitsstrafen zwischen dreieinhalb und vierzehn Jahren und einer eine zehnjährige Jugendstrafe. Drei Angeklagte wurden aus Mangel an Beweisen freigesprochen. (Quelle: www.auschwitz-trial-frankfurt.hessen.de)

Zur Zeit des ersten Auschwitzprozesses war Ludwig Erhard (CDU) Bundeskanzler. Seinem Kabinett gehörten die ehemalige Wehrmachtsoffizier Hermann Höcherl, Erich Mende und Paul Lücke sowie das ehemalige SA-Mitglied Ewald Bucher an.

Die Herren vor und neben dir ...

Mannheim, April 1965

Die Herren neben dir tragen einen gutsitzenden Einreiher. Vor 25 Jahren und sieben Monaten spielten sie Beethoven und Tschaikowskij. Später saßen sie unterm Bild des »Führers«: Etwas aufzeichnend, etwas versiegelnd, etwas weitergebend. Man schrieb den 15. September des Jahres 1939. Erschoßene lagen in einer endlos scheinenden Reihe vor einem hohen Kreuz in Rawa Mazowiecka im Kreis Tomaszów Mazowiecki [im Dezember 1940 wurde hier ein Ghetto eingerichtet, das im Januar 1945 von der Roten Armee befreit wurde]. Mörder in deutschen Uniformen besahen sich belustigt das Resultat der »Judenaktion«. Zur nämlichen Minute zündeten sich die Herren eine Zigarette an und sagten, die Zweifel eines Untergebenen sofort guillotinierend: »Befehl!«

Der Herr neben dir bewohnt Room 32: Ein Zimmer mit Bad. Im Hotel Continental empfangen Manager Persönlichkeiten von Industrie und Bank. Später, zur Stunde der diffusen Lichtbrechung, führen sie ihre Gattinnen in Pelzstola zur Premiere. Im Fahrstuhl der Mann neben dir schrieb am 5. September des Jahres 1942 in sein Tagebuch: »... Abends gegen 8 Uhr wieder bei einer Sonderaktion aus Holland. Wegen der dabei anfallenden Sonderverpflegung, bestehend aus 5 Liter Schnaps, 5 Zigaretten, 100 Gramm Wurst und Brot, drängen sich die Männer zu solchen Aktionen«. Und am 6. September des Jahres 1942 notiert er:

»Heute hatten wir ein ausgezeichnetes Mittagessen: Tomatensuppe, ein halbes Huhn mit Kartoffeln und Rotkohl, Süßspeise und herrliches Vanille-Eis ... Abends um 8 Uhr draußen für eine Sonderaktion.«

Der vornehme alte Herr vor dir, NSDAP-Mitglied seit 1929, einst a. o. Professor der Universität Münster, hat unlängst im Auschwitz-Prozeß zu Frankfurt am Main mit Bedauern dem Herrn Landgerichtsdirektor Hofmeyer erzählt:

»Das Klima in Auschwitz war so ungesund. Das war schlimm mit dem Klima, Herr Vorsitzender! Die Menschen wurden direkt vom Klima todkrank. Da mußte man sie dann eben abschieben ...«
Und nach kurzer Pause fügt der Zeuge – nicht der Angeklagte! – hinzu: »Das Wasser war so schlecht in Auschwitz!«

Der Herr von Room 32 hat vor 23 Jahren »lebensfrisches Material« von Menschen genommen, Seifenpakete nach Hause geschickt, wissend, daß dieses Waschmittel hergestellt ward aus den Knochen der Juden und Kommunisten, Sozialdemokraten und Patres. Der hochgewachsene alte Herr, für den der

Liftboy im Hotel Continental die Tür aufreißt, sprach unlängst von »Moribunden«, die man »erlösen« mußte, nannte die Teilnahme an Selektionen einen »Dienst«, einen »Auftrag«:

»Wir hatten den Auftrag, darauf zu achten, daß den SS-Leuten bei der Vergasung nichts passierte!«
Auf Vorhaltung des Vorsitzenden, was den SS-Leuten denn hätte passieren sollen, antwortete der einstige SS-Professor: »Beim Ausschütten des Gases hätte doch den SS-Leuten etwas passieren können! ... Irgendwie.«

Room 32, ein Zimmer mit Bad, bezahlen auch die einst gefolterten Juden und Kommunisten, Sozialdemokraten und Patres in der Bundesrepublik Deutschland: Denn der einstige Professor der Universität Münster erhält eine noble Rente in diesem Staat.

Im Wagen vor dir sitzt ein immens einflußreicher Herr: Dr. Dr. h. c. Otto Ambros. Er fährt sehr schnell. Du wirst ihn kaum überholen können. – Im Auschwitz-Prozeß zu Frankfurt am Main ist er wenige Stunden vor dem Karfreitag des Jahres 1965 in den Zeugenstand getreten. Nein – auf Ehr und Gewissen! – er hatte keine Ahnung von den Leiden der Häftlinge, dieser hochangesehene Aufsichtsratsvorsitzende der Knoll AG, dieser ungekrönte König in der Bergwerksgesellschaft Hibernia AG, dieser Auserwählte in der Internationalen Galalithgesellschaft AG, in der Pintsch Bamag AG., in den Süddeutschen Kalkstickstoff-Werken AG.

Dr. Otto Ambros wußte von nichts. Von rein gar nichts ... Nun: Am 12. April 1941 schrieb er aus Ludwigshafen am Rhein an die Herren Direktoren der I.G.-Frankfurt:

Sehr geehrte Herren!
In der Anlage übersende ich Ihnen die Berichte über unsere Baubesprechungen, die regelmäßig wöchentlich einmal unter meiner Leitung stattfinden.
Sie entnehmen daraus die organisatorische Regelung und vor allem den Beginn unserer Tätigkeit im Osten.
Inzwischen fand auch am 7.4. die konstituierende Gründungssitzung in Kattowitz statt, die im großen und ganzen befriedigend verlief. Gewisse Widerstände von kleinen Amtsschimmeln konnten schnell beseitigt werden.
Dr. Eckell hat sich dabei sehr bewährt und außerdem wirkt sich unsere neue Freundschaft mit der SS sehr segensreich aus.
Anläßlich eines Abendessens, das uns die Leitung des Konzentrationslagers gab, haben wir weiterhin alle Maßnahmen festgelegt, welche die Einschaltung des wirklich hervorragenden Betriebes des KZ-Lagers zugunsten der Buna-Werke betreffen.
Ich verbleibe mit besten Grüßen
Ihr Otto Ambros

Den Inhalt dieses Dokuments kann er natürlich nicht gut leugnen, der einstige I.G.-Farbenfürst. Und doch hat er es fertiggebracht, dem Herrn Landgerichtsdirektor zu Frankfurt zu versichern, daß er von der Vernichtung der Juden nichts wußte. Nun: In den Prozeßakten Doc. NI-034 befindet sich eine eidesstattliche Erklärung des Auschwitz-Kommandanten Hoess:

> Ich, Rudolf Franz Ferdynand Hoess erkläre hiermit unter Eid: Ich sprach oft mit Dr. Ambros bei meiner Anwesenheit in Ludwigshafen im Jahre 1941. Nach meiner Kenntnis war Dr. Ambros mit der Verantwortung für die gesamte Bunaherstellung in I.G.-Farben betraut. Er besuchte das Lager in Auschwitz während meiner Zeit 2 oder 3 Mal.
> Ich sah ihn verschiedene Male im Bunabetrieb Auschwitz, Ich nehme bestimmt an, daß Dr. Ambros sowohl als auch alle anderen Besucher des Auschwitzer Lagers über die Vernichtung von Menschenleben in Birkenau Bescheid wußten, da in der Stadt Auschwitz, den Bunawerken und der restlichen Umgebung des Auschwitzer Lagers von den Ausrottungen ganz allgemein gesprochen wurde.

Und doch – er, Otto Ambros, wußte von nichts. Von rein gar nichts. Da hat sich doch der einstige SS-Professor der Universität Münster wenigstens noch an das »herrliche Vanille-Eis« vor jener »Sonderaktion« in Auschwitz erinnert ... Und nun der Dr. Dr. h.c. Ambros – rein gar nichts. Wenn er wenigstens noch wüßte, was ihm die Henker zum Abendessen offerierten: Damals ... Am 7. April des Jahres 1941

... Doch gar nichts –so wahr ihm Gott helfe! Und das geschah jetzt: 20 Jahre und 6 Monate nach den letzten Selektionen für die Gaskammern in Auschwitz.

Die Herren, vor denen sogar Himmler sich verneigte

Wollt Ihr wissen, wer den Nationalsozialismus groß und hoffähig machte? Wollt Ihr es wissen: 20 Jahre nach der Minute, da Heinrich Himmler durch Zerbeißen einer Blausäurekapsel der Verantwortung vor einem Internationalen Tribunal sich entzog?

Nun: Die Herren Aufsichtsräte und Wehrwirtschaftsführer, die Herren, vor denen sogar Heinrich Himmler sich verneigte und deren Mätressen aus Brüssel Seide und aus Paris Langusten erhielten zu einer Zeit, da das gewöhnliche Volk in Deutschland Kollern im Magen verspürte –: Erst die Herren von den Konzernen machten den Nationalsozialismus, die SA und SS hoffähig und versahen die Partei der Gernegroße und Straßendiebe mit dem notwendigen Rückgrat.

Als Zeugen erscheinen sie nun im Frankfurter Auschwitz-Prozeß: Die Herren Ambros und Bütefisch, Dürrfeld und Krauch. Als Zeugen treten diese soignierten Herren auf – nicht als Angeklagte! Den heutigen Aufsichtsratsvorsitzenden der Kohle, Oel, Chemie GmbH und der Ruhrchemie AG Heinrich Bütefisch wagt in diesem mächtigen Reich der Monopole kein Staatsanwalt anzuklagen. Das ehemalige Vorstandsmitglied der I.G.-Farben und Mitglied von Himmlers Freundeskreis (!) durfte sogar im Jahre

1964 für kurze Zeit das Bundesverdienstkreuz aus Bonn tragen.

Gewiß: Auf der Anklagebank in Frankfurt am Main sitzt Boger – nicht Bütefisch! Kaduk muß sich verantworten – nicht Krupp! Und dieweil die Wähler zwischen Nord- und Bodensee glauben, diesen oder jenen Mann gewählt zu haben, gehen die großen Monopole ganz unauffällig diesen oder jenen Weg – und das Mutterl in Lütjenburg und Gotteszell begreift gar nicht, warum der Sohn einrücken muß, das Ding da nun so viel kostet und wieder einmal von einem »Notstand« die Rede ist. Wenn das Mutterl wüßt', welche Männer und Mächte in Wahrheit regieren am Tag und in der Nacht zwischen Süderlügum und Brauneck –: das Mutterl möcht' sich bekreuzigen. Aber die Muttis in der Diktatur der Frackhemden haben ohnehin nicht gelernt, auf das Hin- und Herwandern der Aktienpakete zu achten ... Wozu auch, wenn nicht einmal die Vatis ein Interesse zeigen, zu erfahren, wohin die gigantischen Investitionen der Automobil-, Maschinen-, Öl-, Stahl- und chemischen Industrie führen sollen und müssen ...

Einige dieser Herren tanken neben dir an der neuen Tankstelle. Später betreten sie die Raststätte und freuen sich über den Geruch von Benzin, Zigarren und Bier. Vor einem Vierteljahrhundert haben viele dieser Herren in Brüssel geplündert und in Paris gehurt. Der Mann dort, zum Beispiel, war wendig, nicht aber intelligent. Er wollte genießen, nicht aber bezahlen. Er unterschrieb ruhig ein Todesurteil und ward nervös beim Gedanken an die Front und den eigenen Tod. Er behauptete von sich, gottgläubig und kameradschaftlich zu sein. Nordisch-dinarisch und selbstbewußt.

Der Mann neben dir war Teil jener Gesellschaft, die in der Wehrmacht ihre Stärke sah. Über diesen Mann und diese Gesellschaft äußert sich Serenus Zeitblom in Thomas Manns »Doktor Faustus« [Erstausgabe 1947]:

> »Gewisse Schichten der bürgerlichen Demokratie schienen und scheinen heute reif für das, was ich die Herrschaft des Abschaums nannte, willig zum Bündnis damit, um ihre Privilegien zu fristen!«

Dieser Mann, zum Beispiel, hielt einmal viel von Reitpeitsche und Pistole – und gar nichts vom Geist. Wenn er unter Gleichgesinnten sitzt, in der intimen Bar, Whisky-Soda mit Eiswürfelchen schüttelnd, spricht er freimütig von »unwiederbringlich verlorenen Chancen«, vom Endsieg, der »uns« sicher gewesen wäre, wenn »wir« die »Polacken« und »Tataren« an »die Kandare« gelegt hätten.

Chefredakteure, die »Kampf bis aufs Messer« predigten …

Feierlich schreiben sie Woche für Woche über die »Oder-Neiße-Niemals-Grenze!« Vor 20 Jahren beschworen sie Deutschlands Omas und Pimpfe: »… Lieber sich zehnmal in Stücke hauen lassen, anstatt auch nur einen Fußbreit deutschen Bodens preiszugeben!« …

Einem dieser Herren wirst du morgen begegnen hoch zu Ross. Denn der Herr liebt noch immer Pferde. Seit nahezu 50 Jahren reitet er für Deutschland. 1896 geboren. 1916 bereit, für den Kaiser zu sterben. 1926 reitet er für Hindenburg. 1936 für Hitler. 1946 für Heuss. In Heidelberg. Dafür erhält er 1956 »in Anerkennung seiner Leistungen während einer 40jährigen journalistischen Tätigkeit, davon 35 Jahre als Chefredakteur, vom Bundespräsidenten das Bundesverdienstkreuz erster Klasse«.

Vor etwas mehr als 20 Jahren verteidigte er auf seine Weise – mit Federhalter und Brustwärmer – die heilige deutsche Erde:

»... Wenn aus den ostpreußischen Städten die 14jährigen Pimpfe ausgezogen sind, um neben den 65jährigen Männern mit Spaten und Pickeln die Befestigungen aufzuwerfen, an denen sich der bolschewistische Ansturm totlaufen soll, so haben die Jugendlichen und diese alten Männer der Leidenschaft ihres Herzens gehorcht, das sie rief, den Boden ihrer Heimat zu schützen! ... Die Möglichkeit eines Kompromisses gibt es nicht mehr! Bei dieser Sachlage gibt es in der Tat nur eines: Kampf bis aufs Messer ... entschlossen, um ein Wort Ribbentrops zu zitieren, ›lieber sich zehnmal in Stücke hauen zu lassen, anstatt auch nur einen Fußbreit deutschen Bodens preiszugeben‹.«

Der Mann ist jetzt 69 Jahre alt. Noch immer romantisch wie die Schloßbeleuchtung und jedem Gebieter ergeben in »alt Heidelberg, du feine!«

Der Herr, dem du morgen begegnen wirst, ist noch immer Chefredakteur. Zweimal in seinem heldenhaften Leben sang er in jener unübersehbaren Menschenmenge mit: »Nun danket alle Gott!« Das eine Mal machte er in Gedanken den »Spaziergang nach Paris« mit, das andere Mal die »Fahrt nach Polen, Juden zu versohlen!« Und er lohte bei sich jenes einzige teutonische Halleluja, gesungen von Maturitätsprüflingen und Omas, Oberlehrern und Sattlermeistern, Ansichtskartenherstellern und Stabsärzten, Gottesdienern und Kanonenfabrikanten, Aufsichtsratsvorsitzenden und Lokomotivführern, Klempnern und Herrenreitern. Das war sein Volk: Ein ganzes Volk! Und es machte in Heldentum, Hurra und Herrgott.

Der Herr Chefredakteur neben dir ist nicht geistvoller als andere Hauptschriftleiter, die dem Kaiser dienten und Hindenburg, Hitler und Heuss, Ludendorff und Lübke: Mit der Feder. Doch weiß er immerhin, daß sich im Werk Theodor Körners die Zeile findet: »Die Pferde sind gesattelt, gnäd'ger Herr!« Was er aber nicht weiß: Daß wir dieses Wort als Beispiel für eine unbedeutende Rolle (da es die einzigen Worte sind, die ein auftretender Diener in jenem Stück zu sprechen hat) zitieren. Er braucht es auch nicht zu wissen. Kein ehrbarer Leser im Land der »Heimatvertriebenen« und Herzinfarkte verlangt von einem Chefredakteur Esprit und Wissen. Zwischen Geesthacht und Gotteszell überlassen noch immer zahllose Zweibeiner mit der lückenlosen Zahnreihe ohne hervorragende Eckzähne das alles dem lieben Gott und dem jeweiligen Staatsoberhaupt:

Die gerechte Verteilung von Einkommen und Lasten; die Befehle an Armee, Justiz und Polizei; die Entscheidung über Frieden oder Krieg!

Wahrlich! Der Herr neben dir reitet mit vollem Recht für die Bundesrepublik Deutschland – denn er ist ein westdeutscher Akademiker!

Die Herren neben dir haben vor noch gar nicht so langer Zeit in die Hände geklatscht. Damals erklärte der westdeutsche Bundestagsvizepräsident [Thomas Dehler, Bundestagsvizepräsident 1960–1967] feierlich:

Die Demokratie kann nur dadurch geschützt werden, daß sie in Zeiten ihrer Bedrohung zeitweilig einen Teil ihrer Freiheitsrechte suspendiert.«

Die Herren neben dir sind »über die Vordertreppe in diesen Staat marschiert« – wie SS-General Meyer und seine SS-HIAG-Demokraten. Die Herren neben dir sind Demokraten: Von der Pistole bis zum Bekenntnis »Oder-Neiße-Niemals-Grenze!«

Über die Herren, die im Grund die gleichen geblieben seit vollen 50 Jahren – gewiß: die Farbe des Haares hat sich verändert, auch der Schnitt der Hose –, sagte Briand am 27. Oktober 1923 im französischen Senat:

In Deutschland haben sich die Großbesitzer, die großen Finanzherren, die Großindustriellen riesige Vermögen erworben.«

Nun: Bereits 17 Jahre nach Briands Feststellung erhielten die Mätressen der Herren aus Brüssel Seide und aus Paris Langusten. Und heute, 42 Jahre nach Briands Ausspruch vor dem französischen Senat, verstehen es die Herren von Kiel bis Konstanz meisterhafter denn je, den Schleier des Obskurantismus über alle ihre Machenschaften zu legen. Die Herren neben dir hatten nicht nur einen unermeßlichen Einfluß im Gaskammerstaat – sie haben wieder das Monopol und die Macht. Sie können ihren Willen noch im kleinen Achern, noch im winzigen Kötzting manifestieren. Sie haben es nicht mehr nötig, Freikorps zu werben und Rosa Luxemburg zu ermorden. Heute machen sie es ganz anders, die Herren … Und Ihr, die Ihr diese Zeilen lest, sollt einmal selbst nachdenken und sagen, wie sie es treiben, die Herren von Öl und Stahl und Chemie …

Mannheim, 1. APRIL 1965

Die Herren vor und neben dir...

Von SIEGFRIED EINSTEIN

siehe
ESSAY:
"DER MANN
NEBEN
DIR.."

vom 18.
Sept.
1964

(Für
KULTUR
&
GESELL-
SCHAFT"

Die Herren neben dir tragen einen gutsitzenden Einreiher. Vor 25 Jahren und sieben Monaten spielten sie Beethoven und Tschaikowskij. Später saßen sie unterm Bild des "Führers": Etwas aufzeichnend, etwas versiegelnd, etwas weitergebend. Man schrieb den 15. September des Jahres 1939. Erschoßene lagen in einer endlos scheinenden Reihe vor einem hohen Kreuz in Rawa Mazowiecka im Kreis Tomaszów Mazowiecki. Mörder in deutschen Uniformen besahen sich belustigt das Resultat der "Judenaktion". Zur nämlichen Minute zündeten sich die Herren eine Zigarette an und sagten, die Zweifel eines Untergebenen sofort guillotinierend: "Befehl!"

Der Herr neben dir bewohnt Room 32: Ein Zimmer mit Bad. Im Hotel Continental empfangen Manager Persönlichkeiten von Industrie und Bank. Später, zur Stunde der diffusen Lichtbrechung, führen sie ihre Gattinnen in Pelzstola zur Premiere. Im Fahrstuhl der Mann neben dir schrieb am 5. September des Jahres 1942 in sein Tagebuch: "... Abends gegen 8 Uhr wieder bei einer Sonderaktion aus Holland.

do.!

Wegen der dabei anfallenden Sonderverpflegung, bestehend aus 5 Liter Schnaps, 5 Zigaretten, 100 Gramm Wurst und Brot, drängen sich die Männer zu solchen Aktionen". Und am 6. September des Jahres 1942 notiert er:

"Heute hatten wir ein ausgezeichnetes Mittagessen: Tomatensuppe, ein halbes Huhn mit Kartoffeln und Rotkohl, Süßspeise und herrliches Vanille-Eis... Abends um 8 Uhr draußen für eine Sonderaktion."

do.!

Der vornehme alte Herr vor dir, NSDAP-Mitglied seit 1929, einst a.o. Professor der Universität Münster, hat unlängst im Auschwitz-Prozeß zu Frankfurt am Main mit Bedauern dem Herrn Landgerichtsdirektor Hofmeyer erzählt:

do.!

"Das Klima in Auschwitz war so ungesund. Das war schlimm mit dem Klima, Herr Vorsitzender! Die Menschen wurden direkt vom Klima todkrank. Da mußte man sie dann eben abschieben..."
Und nach kurzer Pause fügt der Zeuge -- nicht der Angeklagte! -- hinzu: "Das Wasser war so schlecht in Auschwitz!"

Der Herr von Room 32 hat vor 23 Jahren "lebensfrisches Material" von Menschen genommen, Seifenpakete nach Hause geschickt, wissend, daß dieses Waschmittel hergestellt ward aus den Knochen der Juden und Kommunisten, Sozialdemokraten und Patres. Der hochgewachsene alte Herr, für den der Liftboy im Hotel Continental die Tür aufreißt, sprach unlängst von "Moribunden", die man "erlösen" müsse, nannte die Teilnahme an Selektionen einen "Dienst", einen "Auftrag":

- 2 -

<small>siehe
mein ESSAY
"DER MANN
NEBEN DIR..."
/Sept.
1964</small>

> "Wir hatten den Auftrag, darauf zu achten, daß den
> SS=Leuten bei der Vergasung nichts passierte!"
> Auf Vorhaltung des Vorsitzenden, was den SS=Leuten
> denn hätte passieren sollen, antwortet der einstige
> SS=Professor: "Beim Ausschütten des Gases hätte doch
> den SS=Leuten etwas passieren können!... Irgendwie."

<small>siehe
S. 1 !</small>

Room 32, ein Zimmer mit Bad, bezahlen auch die einst gefolterten Juden und Kommunisten, Sozialdemokraten und Patres in der Bundesrepublik Deutschland: Denn der einstige Professor der Universität Münster erhält eine noble Rente in diesem Staat.

Im Wagen vor dir sitzt ein immens einflußreicher Herr: Dr.Dr.h.c. Otto Ambros. Er fährt sehr schnell. Du wirst ihn kaum überholen können. — Im Auschwitz-Prozeß zu Frankfurt am Main ist er wenige Stunden vor dem Karfreitag des Jahres 1965 in den Zeugenstand getreten. Nein — auf Ehr und Gewissen! — er hatte keine Ahnung von den Leiden der Häftlinge, dieser hochangesehene Aufsichtsratsvorsitzende der Knoll AG., dieser ungekrönte König in der Bergwerksgesellschaft Hibernia AG., dieser Auserwählte in der Internationalen Galalithgesellschaft AG., in der Pintsch Bamag AG.,

<small>dort
siehe
EICHM.-Buch
S. 56</small>

in den Süddeutschen Kalkstickstoff-Werken AG.

Dr. Otto Ambros wußte von nichts. Von rein gar nichts... Nun: Am 12. April 1941 schrieb er aus Ludwigshafen am Rhein an die Herren Direktoren der I.G.-Frankfurt:

> Sehr geehrte Herren!
> In der Anlage übersende ich Ihnen die Berichte über unsere Baubesprechungen, die regelmäßig wöchentlich einmal unter meiner Leitung stattfinden.
>
> Sie entnehmen daraus die organisatorische Regelung und vor allem den Beginn unserer Tätigkeit im Osten.
>
> Inzwischen fand auch am 7.4. die konstituierende Gründungssitzung in Kattowitz statt, die im großen und ganzen befriedigend verlief. Gewisse Widerstände von kleinen Amtsschimmeln konnten schnell beseitigt werden.
>
> <u>Dr. Eckell hat sich dabei sehr bewährt und außerdem wirkt sich unsere neue Freundschaft mit der SS sehr segensreich aus.</u>
>
> <u>Anläßlich eines Abendessens, das uns die Leitung des Konzentrationslagers gab, haben wir weiterhin alle Maßnahmen festgelegt, welche die Einschaltung des wirklich hervorragenden Betriebes des KZ-Lagers zugunsten der Buna-Werke betreffen.</u>
>
> Ich verbleibe mit besten Grüßen
> Ihr Otto A m b r o s

<small>siehe mein
EICHMANN-
BUCH:
S. 57</small>

Den Inhalt dieses Dokuments kann er natürlich nicht gut leugnen, der einstige I.G.-Farbenfürst. Und doch hat er es fertiggebracht, dem Herrn Landgerichtsdirektor zu Frankfurt zu versichern, daß er von der Vernichtung der Juden nichts wußte. Nun: In den Prozeßakten Doc. NI-034 befindet sich eine eidesstattliche Erklärung des Auschwitz-Kommandanten Hoess:

siehe mein
EICHMANN-
Buch:
S. 56

Ich, Rudolf Franz Ferdynand Hoess, erkläre hiermit unter Eid:
Ich sprach oft mit Dr. Ambros bei meiner Anwesenheit in
Ludwigshafen im Jahre 1941. Nach meiner Kenntnis war Dr.
Ambros mit der Verantwortung für die gesamte Bunaherstellung
in I.G.-Farben betraut. Er besuchte das Lager in Auschwitz
während meiner Zeit 2 oder 3 Mal.
<u>Ich sah ihn verschiedene Male im Bunabetrieb Auschwitz. Ich
nehme bestimmt an, daß Dr. Ambros sowohl als auch alle anderen Besucher des Auschwitzer Lagers über die Vernichtung
von Menschenleben in Birkenau Bescheid wußten, da in der
Stadt Auschwitz, den Bunawerken und der restlichen Umgebung
des Auschwitzer Lagers von den Ausrottungen ganz allgemein
gesprochen wurde.</u>

Und doch — er, Otto Ambros, wußte von nichts. Von rein gar
nichts. Da hat sich doch der einstige SS-Professor der Universität
Münster wenigstens noch an das "herrliche Vanille-Eis" vor jener
"Sonderaktion" in Auschwitz erinnert... Und an das Klima, von dem
"die Menschen direkt todkrank wurden"... Und nun der Dr.Dr.h.c.
Ambros — rein gar nichts. Wenn er wenigstens noch wüßte, was ihm
die Henker zum Abendessen offerierten: Damals... Am 7. April des
Jahres 1941... Doch gar nichts — so wahr ihm Gott helfe! Und das
geschah jetzt: 20 Jahre und 6 Monate nach den letzten Selektionen
für die Gaskammern in Auschwitz.

Die Herren, vor denen sogar Himmler sich verneigte

Wollt Ihr wissen, wer den Nationalsozialismus groß und hoffähig
machte? Wollt Ihr es wissen: 20 Jahre nach der Minute, da Heinrich
Himmler durch Zerbeißen einer Blausäurekapsel der Verantwortung vor
einem Internationalen Tribunal sich entzog?

Nun: Die Herren Aufsichtsräte und Wehrwirtschaftsführer, die
Herren, vor denen sogar Heinrich Himmler sich verneigte und deren
Mätressen aus Brüssel Seide und aus Paris Langusten erhielten zu
einer Zeit, da das gewöhnliche Volk in Deutschland Kollern im Magen
verspürte —: Erst die Herren von den Konzernen machten den Nationalsozialismus, die SA und SS hoffähig und versahen die Partei der
Gernegroße und Strauchdiebe mit dem notwendigen Rückgrat.

Als Zeugen erscheinen sie nun im Frankfurter Auschwitz-
Prozeß: Die Herren Ambros und Bütefisch, Dürrfeld und Krauch. Als
Zeugen treten diese soignierten Herren auf — nicht als Angeklagte!
Den heutigen Aufsichtsratsvorsitzenden der Kohle, Oel, Chemie GmbH
und der Ruhrchemie AG <u>Heinrich Bütefisch</u> wagt in diesem mächtigen
Reich der Monopole kein Staatsanwalt anzuklagen. Das ehemalige
Vorstandsmitglied der I.-G.-Farben und Mitglied von Himmlers
Freundeskreis (!) durfte sogar im Jahre 1964 für kurze Zeit
das Bundesverdienstkreuz aus Bonn tragen.

Gewiß: Auf der Anklagebank in Frankfurt am Main sitzt Boger —

siehe mein
Artikel:
"Die Männer
die von
nichts
wissen",
20.FEBR.
1965

- 4 -

nicht Bütefisch! Kaduk muß sich verantworten -- nicht Krupp! Und
diweil die Wähler zwischen Nord- und Bodensee glauben, diesen oder
jenen Mann gewählt zu haben, gehen die großen Monopole ganz unauffällig diesen oder jenen Weg -- und das Mutterl in Lütjenburg
und Gotteszell begreift gar nicht, warum der Sohn einrücken muß,
das Ding da nun so viel kostet und wieder einmal von einem "Notstand"
die Rede ist. Wenn das Mutterl wüßt', welche Männer und Mächte
in Wahrheit regieren am Tag und in der Nacht zwischen Süderlügum
und Brauneck --: das Mutterl möcht' sich bekreuzigen. Aber die
Muttis in der Diktatur der Frackhemden haben ohnehin nicht gelernt,
auf das Hin- und Herwandern der Aktienpakete zu achten... Wozu
auch, wenn nicht einmal die Vatis ein Interesse zeigen, zu erfahren, wohin die gigantischen Investitionen der Automobil-,
Maschinen-, Öl-, Stahl- und chemischen Industrie führen sollen und
müssen...

Einige dieser Herren tanken neben dir an der neuen Tankstelle.
Später betreten sie die Raststätte und freuen sich über den
Geruch von Benzin, Zigarren und Bier. Vor einem Vierteljahrhundert
haben viele dieser Herren in Brüssel geplündert und in Paris
gehurt. Der Mann dort, zum Beispiel, war wendig, nicht aber intelligent. Er wollte genießen, nicht aber bezahlen. Er unterschrieb
ruhig ein Todesurteil und ward nervös beim Gedanken an die Front
und den eigenen Tod. Er behauptete von sich, gottgläubig und
kameradschaftlich zu sein. Nordisch-dinarisch und selbstbewußt.
Der Mann neben dir war Teil jener Gesellschaft, die in der Wehrmacht ihre Stärke sah. Über diesen Mann und diese Gesellschaft
äußert sich Serenus Zeitblom in Thomas Manns "Doktor Faustus":

siehe
mein ESSAY
"Der Mann
neben dir...",
18.SEPT
1964

"**Gewisse Schichten der bürgerlichen Demokratie
schienen und scheinen heute reif für das, was
ich die Herrschaft des Abschaums nannte, willig
zum Bündnis damit, um ihre Privilegien zu fristen!**"

Dieser Mann, zum Beispiel, hielt einmal viel von Reitpeitsche
und Pistole -- und gar nichts vom Geist. Wenn er unter Gleichgesinnten sitzt, in der intimen Bar, Whisky-Soda mit Eiswürfelchen
schüttelnd, spricht er freimütig von "unwiederbringlich verlorenen
Chancen", vom Endsieg, der "uns" sicher gewesen wäre, wenn "wir"
die "Polacken" und "Tataren" an "die Kandare" gelegt hätten.

Chefredakteure, die "Kampf bis aufs Messer"
predigten...
===

Feierlich schreiben sie Woche für Woche über die "Oder-Neiße-
Niemals-Grenze!" Vor 20 Jahren beschworen sie Deutschlands Omas und
Pimpfe: "... Lieber sich zehnmal in Stücke hauen lassen, anstatt
auch nur einen Fußbreit deutschen Bodens preiszugeben!"...

Einem dieser Herren wirst du morgen begegnen. Hoch zu Ross. Denn der Herr liebt noch immer Pferde. Seit nahezu 50 Jahren reitet er für Deutschland. 1896 geboren. 1916 bereit, für den Kaiser, den Kaiser zu sterben. 1926 reitet er für Hindenburg. 1936 für Hitler. 1946 für Heuss. In Heidelberg. Dafür erhält er 1956 "in Anerkennung seiner Leistungen während einer 40jährigen journalistischen Tätigkeit, davon 35 Jahre als Chefredakteur, vom Bundespräsidenten das Bundesverdienstkreuz erster Klasse".

Vor etwas mehr als 20 Jahren verteidigte er auf seine Weise — mit Federhalter und Brustwärmer — die heilige deutsche Erde:

siehe
ESSAY (KULTUR
& GES.)

"Der Mann
 neben dir":
am 18.SEPT!
 1964

"... Wenn aus den ostpreußischen Städten die 14jährigen Pimpfe ausgezogen sind, um neben den 65jährigen Männern mit Spaten und Pickeln die Befestigungen aufzuwerfen, an denen sich der bolschewistische Ansturm totlaufen soll, so haben die Jugendlichen und diese alten Männer der Leidenschaft ihres Herzens gehorcht, das sie rief, den Boden ihrer Heimat zu schützen! ... Die Möglichkeit eines Kompromisses gibt es nicht mehr! Bei dieser Sachlage gibt es in der Tat nur eines: Kampf bis aufs Messer... entschlossen, um ein Wort Ribbentrops zu zitieren, 'lieber sich zehnmal in Stücke hauen zu lassen, anstatt auch nur einen Fußbreit deutschen Bodens preiszugeben'."

Der Mann ist jetzt 69 Jahre alt. Noch immer romantisch wie die Schloßbeleuchtung und jedem Gebieter ergeben in "alt Heidelberg, du feine!"

Der Herr, dem du morgen begegnen wirst, ist noch immer Chefredakteur. Zweimal in seinem heldenhaften Leben sang er in jener unübersehbaren Menschenmenge mit: "Nun danket alle Gott!" Das eine Mal machte er in Gedanken den "Spaziergang nach Paris" mit, das andere Mal die "Fahrt nach Polen, Juden zu versohlen!" Und er lobte bei sich jenes einzige teutonische Halleluja, gesungen von Maturitätsprüflingen und Omas, Oberlehrern und Sattlermeistern, Ansichtskartenherstellern und Stabsärzten, Gottesdienern und Kanonenfabrikanten, Aufsichtsratsvorsitzenden und Lokomotivführern, Klempnern und Herrenreitern. Das war sein Volk: Ein ganzes Volk! Und es machte in Heldentum, Hurra und Herrgott.

Der Herr Chefredakteur neben dir ist nicht geistvoller als andere Hauptschriftleiter, die dem Kaiser dienten und Hindenburg, Hitler und Heuss, Ludendorff und Lübke: Mit der Feder. Doch weiß er immerhin, daß sich im Werk Theodor Körners die Zeile findet: "Die Pferde sind gesattelt, gnäd'ger Herr!" Was er aber nicht weiß: Daß wir dieses Wort als Beispiel für eine unbedeutende Rolle (da es mit die einzigen Worte sind, die ein auftretender Diener in jenem Stück zu sprechen hat) zitieren. Er braucht es auch nicht zu wissen. Kein ehrlarer Leser im Land der "Heimatvertriebenen" und Herzinfarkte verlangt von einem Chefredakteur Esprit und Wissen. Zwischen Geesthacht und Gotteszell überlassen noch immer zahllose

Zweibeiner mit der lückenlosen Zahnreihe ohne hervorragende Eckzähne das alles dem lieben Gott und dem jeweiligen Staatsoberhaupt:

<u>Die gerechte Verteilung von Einkommen und Lasten;
die Befehle an Armee, Justiz und Polizei; die
Entscheidung über Frieden oder Krieg!</u>

Wahrlich! Der Herr neben dir reitet mit vollem Recht für die
Bundesrepublik Deutschland --- denn er ist ein westdeutscher
Akademiker!

Die Herren neben dir haben vor noch gar nicht so langer Zeit
in die Hände geklatscht. Damals erklärte der westdeutsche Bundestagsvizepräsident feierlich:

siehe
mein ESSAY
vom 18. SEPT.
1964/S. 4

<u>"Die Demokratie kann nur dadurch geschützt werden,
daß sie in Zeiten ihrer Bedrohung zeitweilig einen
Teil ihrer Freiheitsrechte suspendiert."</u>

Die Herren neben dir sind "über die Vordertreppe in diesen
Staat marschiert" -- wie SS=General Meyer und seine SS=HIAG-
Demokraten. Die Herren neben dir sind Demokraten: Von der
Pistole bis zum Bekenntnis "Oder-Weiße-Niemals-Grenze!"

Über die Herren, die im Grund die gleichen geblieben seit
vollen 50 Jahren — gewiß: die Farbe des Haares hat sich verändert,
auch der Schnitt der Hose —, sagte Briand am 27. Oktober 1923
im französischen Senat:

siehe ERNST
NIEKISCH:
"...Dämonen"/
S. 14

<u>"In Deutschland haben sich die Großbesitzer, die
großen Finanzherren, die Großindustriellen riesige Vermögen erworben."</u>

Nun: Bereits 17 Jahre nach Briands Feststellung erhielten
die Mätressen der Herren aus Brüssel Seide und aus Paris Langusten.
Und heute, 42 Jahre nach Briands Ausspruch vor dem französischen
Senat, verstehen es die Herren von Kiel bis Konstanz meisterhafter
denn je, den Schleier des Obskurantismus über alle ihre Machenschaften zu legen. Die Herren neben dir hatten nicht nur einen
unermeßlichen Einfluß im Gaskammerstaat --- sie haben wieder
das Monopol und die Macht. Sie können ihren Willen noch im
kleinen Achern, noch im winzigen Kötzting manifestieren. Sie haben
es nicht mehr nötig, Freikorps zu werben und Rosa Luxemburg zu
ermorden. Heute machen sie es ganz anders, die Herren... Und Ihr,
die Ihr diese Zeilen lest, sollt einmal selbst nachdenken und
sagen, wie sie es treiben, die Herren von Öl und Stahl und Chemie...

-----------:-----------

Wenn das Frühjahr kommt in westdeutschen Landen ...

Mannheim, 16. März 1965 (nachts)

Wenn das Frühjahr kommt in westdeutschen Landen, spitzen die Poeten ihre Bleistifte Marke »Othello«, »Decoro« und »Castell«. Einige zitieren den seligen Herrn Josef Völk, der am 18. Mai des Jahres 1868 im Zollparlament das Wort gesprochen hatte: »Jetzt ist Frühling geworden in Deutschland!« ... Andere reimen Märzenveilchen auf »warte noch ein Weilchen«:

> Wenn der Schnee wegschmilzt in westdeutschen Landen, werden alte Faschisten nach kurzer Haft aus Gefängnissen entlassen – z. B. der ehemalige Franz Freiherr von Ruffin, der am 12. April 1945 den jungen Stabsfeldwebel Hubert Klügel ohne Kriegsgerichtsverhandlung auf einem Sturzacker hatte niederknallen lassen ...

Wenn es lenzt in westdeutschen Landen, brauchen viele verzweifelte Menschen einen Rat. »Der Beratungsdienst FÜR SIE« löst alle Ihre Probleme! »Haben Sie Kummer mit Ihren Kindern? In allen Erziehungsfragen berät Sie gern unser erfahrener Kinderpsychologe Dr. Willy Starck. – Lieben Sie Tiere? Unsere Tierexpertin Leni Fiedelmeier weiss immer, was Ihren vierbeinigen oder gefiederten

Freunden daheim gut tut. – Haben Sie ein ganz persönliches Problem? Unsere von allen verehrte Frau Ursula wird Ihre Fragen ganz individuell und vertraulich beantworten.«

Das allgemeine Frühlingserwachen verlangt auch der Lulu an Rhein und Isar verstärkte Körperpflege ab: Lulu hat »Kult« entdeckt, »die Seife der kultivierten Welt«. In »veilchengleicher Duft-Schönheit fügt sich das Irisöl sanft in den erlesenen Reichtum von Sendelholz und Vanille, von Nelken, Jasmin und Citronen, von Patchouliblättern, Myrrhen, Orchideen und bitteren Pomeranzen – den 134 lichten und dunklen Duft-Tönen aus aller Welt«. Lulu, Typ 1965, steht strahlend – »Frische, die schön macht, schenken die three flowers vitaline-Cremes« – vor den drei Männern in den besten Jahren, die Unterschriftenmappe präsentierend: Lulu hat allen Grund zu so viel Sicherheit! Löste nicht »Camelie das entscheidende Problem der Frauenhygiene«?

Doch Lulu hat nicht nur Sinn für Jasmin und »die makellose Sauberkeit, die Segroten schenkt«: Sie zeigt auch neue Jersey-Modelle vor der Schlossfassade derer zu Solms-Braunfels. Lulu stellt einen Damenschuh neben eine Pickelhaube, ihren Fuss auf eine alte Kanone, ihre Handtasche neben eine Hellebarde. Und endlich lässt sie sich, ganz in Oro Vlies, neben einem ältlichen Idioten in Uniform und mit kompletten Kriegsauszeichnungen fotografieren. Wedekind, der nach Klabund in »Lulu« die »natürliche Dämonie des Weibes gross gestaltet«, hat sich gewiss nie die Mühe genommen, einer Modeschau auf dem Schloss der Fürsten zu Solms-Braunfels beizuwohnen. Der Frühling des Jahres 1965 erwacht eben doch ganz anders ...

Wenn das Frühjahr kommt in westdeutschen Landen, werden die Gnadengesuche hoher westdeutscher Persönlichkeiten wohlwollend geprüft – doch nur, wenn es sich um einen Totschläger in Gestalt eines deutschen Freiherrn mit einem 2000-Morgen-Gut handelt ...

Was der Stabsfeldwebel vor 20 Jahren schrie ...

Ehe der Stabsfeldwebel Hubert Klügel auf jenem Sturzacker zwischen Banská Bystrica und Zvolen auf Befehl des Majors von Ruffin auf die Knie sank, fand er noch einen Moment Zeit, dem zynischen Regimentskommandeur zuzurufen:

»Herr Major, Sie sind das grösste und dreckigste Schwein, das mir je unter die Augen gekommen ist!«

Der wegen Totschlags zu 18 Monaten Gefängnis verurteilte Herr über ein 2000-Morgen-Gut in Schleswig-Holstein ist nun nach 5-monatiger Haft vom Justizminister persönlich begnadigt worden. Dr. Bernhard Leverenz, ein Mann der FDP, entschied am Rosenmontag des Jahres 1965:

»Die Tat wurde in den Wirren der letzten Kriegsmonate begangen. Von Ruffin ist ein Mensch, der sonst ohne Tadel durchs Leben gegangen ist.«

In der Tat: Das Leben eines kleinen Stabsfeldwebels ist ohne Bedeutung, wenn ein grosser Major vor seinem Justizminister steht. Wir leben doch schliesslich im »freien Teil« Deutschlands! Und also war für den Freiherrn »am Aschermittwoch alles vorbei«.

Wenige Tage nach dem Aschermittwoch begann ich mit Turnübungen. Dr. Lehmann hatte bereits im ersten Monat des Jahres 1965 eine Verordnung z. H. von Frau Regina Rempel, Krankengymnastikerin, geschrieben: Wegen Spondylarthrose, Halswirbelsäule und Bandscheibenschaden 12 Bindegewebsmassagen. Zusätzlich empfahl mir der Mann Morgengymnastik. Ich bin Spätaufsteher. Am Morgen denke ich. Liegend. Und bei geschlossenen Fensterläden. Doch nachts, wenn die Häuser schlafen, und Lulu im Kreise der drei Herren, denen sie am Tage die Unterschriftenmappe präsentiert, in »makelloser Sauberkeit, die Sagroten schenkt«, sich ihr bescheidenes Taschengeld verdient: Nachts lese und schreibe ich. Und in einer solchen Nacht kommen mir die auserlesenen Verse eines gewissen Baldur von Schirach in die Hand. Eines seiner Gedichte heisst »Durch Taten!« Es ist ein sehr deutsches, ein sehr männliches Gedicht. Warum sollte man es nicht in ein Schullesebuch aufnehmen? Die jungen Offiziere von Nagold hätten es nicht stärker dichten können …:

»Ihr sollt brennen! / Nicht wie Asketen, / die in Gebeten / sich bekennen, / nein! Wie Soldaten, / die tief in Gräben, / Gebete leben / durch ihre Taten!«

Jedes Mal zittert meine Seele von neuem beim Anblick dieses Auftrags: »Dein Körper gehört deiner Nation, denn ihr verdankst du dein Dasein. Du bist für deinen Körper verantwortlich!« –
Baldur von Schirach.

In jener Nacht leistete ich mir nur noch vier Stunden Schlaf. Punkt sechs Uhr rasselte der Wecker. Ich sprang aus dem Bett. Rasch Super-Colgate auf die Zahnbürste: »Super-Colgate bekämpft den Zahnverfall 12 Stunden und länger!« – Bei offenem Fenster begann ich meine Turnübungen. Mein Körper gehört der deutschen Nation! Ich bin für ihn verantwortlich! Jeder deutsche Mann muss etwas für Deutschland tun. In diesem Frühling. Ich hätte sogar um Deutschlands willen in diesem Jahr meinen Urlaub auf Sylt oder Königssee verbadet. Doch die »Deutsche Soldatenzeitung« will es anders. Im April des Jahres 1960 hat sie von mir erwartet: »Ferien am blauen Meer im KAMERADENHOTEL EDEN. Wenn Sie Ruhe und Erholung suchen, dann kommen Sie zu uns! Eine ausgezeichnete Küche (auf Wunsch deutsch), die herrliche, ruhige Lage unseres Hotels und ein wunderschöner langer Badestrand bürgen dafür, dass Sie sich in unserem Hause wohlfühlen. (Vor- und Nachsaison Lire 1.800, Hauptsaison 2.500 bis 3.000). Verlangen Sie bitte ausführlichen Prospekt bei Sepp Engel, Hotel »Eden«, Rimini, Viale Firenze 5.«

Wenn es lenzt von Niebüll bis St. Blasien …

Wenn es lenzt von Niebüll bis St. Blasien, kümmert sich ein richtiger deutscher Prinz um seinen Bruder im Geiste: Um den Soldatentotschläger Franz Freiherr von Ruffin ... Ehe nämlich der Herr Justizminister am Aschermittwoch dem Herrn Major a. D. jenes feierliche »Alles vorbei!« bescheinigte, waren wunderschöne Gnadengesuche für den »sonst ohne Tadel durch das Leben gegangenen« Regimentskommandeur eingelaufen. Eines der edelsten kam von einem wahrhaft Edlen, von

> Friedrich Ferdinand Prinz zu Schleswig-Holstein-Sonderburg-Glücksburg, Landesvorsitzender des Soldatenbundes Kyffhäuser und des Verbandes Deutscher Soldaten.

Wenn es lenzt von Niebüll bis St. Blasien, verbinden viele Wirtschaftswundermänner das Angenehme mit dem Nützlichen, ohne sich daran zu stören, dass diese Worte von Polybius oder Plutarch entlehnt sein könnten. Ein Herr in Fischerstiefeln und Anorak, mit Angelrute und Netz – ganz Mann wie O. W. Fischer, ganz Soldat wie Dr. Gerhard Frey von der »Deutschen National- und Soldaten-Zeitung«, ganz Frauenidol wie Ritterkreuzträger Erich Mende – steht, eine Flasche in der Linken, an einem Bergbach. Neben ihm hält »sein Freund«, der Brummbär, ein Glas mit beiden Tatzen fest. Zwischen den beiden kommt diese Unterhaltung zustande:

Der Angler mit dem Antlitz, das an O. W. Fischer, Dr. Gerhard Frey und Erich Mende erinnert: »Sie beissen nicht an!«

Sein Freund, der Bär: »Liegt wohl am Köder.«

Der Mann: »Puschkin wäre gut!«

Sein Freund, der Bär: »Für Forellen?«
Der Mann: »Für harte Männer!«
Sein Freund, der Bär: »Prost Puschkin!«
Über der verschneiten Bergschlucht stehen die Worte: PUSCHKIN – FÜR HARTE MÄNNER.

Seht ihr: so verbinden die beiden – der Mann mit dem stählernen Antlitz und der Brummbär – das Puschkintrinken mit dem Fischen. Ihr seht: der männliche deutsche Fischer erinnert sich beim Trunk am Bergbach des im Alter von 38 Jahren gestorbenen russischen Aristokraten Puschkin:

Oder: Der Oberbürgermeister von Freiburg im Breisgau [Eugen Keidel, SPD, 1962–1982] liess (wie wir erst jetzt erfahren) »die ihm zugegangenen Weihnachtspräsente in seinem Dienstzimmer auf einem Tisch ausbreiten und beurteilen, welche Geschenke er im Hinblick auf den Bestechungsparagraphen nicht annehmen dürfe. Der Staatsanwalt-Stadtrat fand nichts Beanstandenswertes«.

Ihr seht: Auch dieser Mann hat es vortrefflich verstanden, eine der schönsten Blüten des Wirtschaftswunders an den treuen Busen der deutschen Justitis zu drücken.

Oder: Der Schlagersänger Bill Ramsey – kein Mensch weiss, ob er nur so dumm aussieht, weil das Westdeutschlands Schnulzenfabrikanten so an ihm lieben – erklärte soeben: »Meine Liedchen wollen ganz einfach ein Spass sein ... Wissen Sie, man sollte sich nicht so ernst nehmen«. Seht ihr: Auch Bill Ramsey, dessen »Mimi ohne Krimi nie ins Bett geht«, kassiert harte D-Mark und gibt Anweisungen zum nützlichen Fröhlichsein. Ihr werdet einwenden:

In Ramseys Liedern sei überhaupt nichts mehr von deutscher Ehre, kein Ton von einem deutschen Nationalgefühl. Ja, das stimmt. Und deshalb riechen seine Lieder obendrein noch wie französisches Parfum und Seife aus Florenz.

Gerade in diesen Tagen, da es um die Mauer geht, um die NATO, um das deutsche Herz an Rhein und Donau, hätten wir den guten alten Duft des Heidekrautes tausendmal nötiger als die »134 lichten und dunklen Duft-Töne aus aller Welt!« Wir brauchen in dieser Situation, die wieder einmal so bitter-ernst ist, kein Irisöl aus der Toscana. Was wir brauchen, sind Männer, die aussehen wie O. W. Fischer plus Dr. Gerhard Frey plus Erich Mende: Männer, die hart sind! Nicht Puschkin sollen sie trinken, diese Männer – doch für Deutschland sollen sie singen. Essen. Zeugen. Aufstehen. Marschieren.

Einer dieser Männer, der Herr über ein 2000-Morgen-Gut in Schleswig-Holstein, der gleiche, dem das Kieler Justizministerium bereits im Jahre 1961 Strafaufschub wegen »Einbringung der Ernte« gewährte (im westdeutschen Staat mähen Freiherrn und Grafen alles von mit eigener Hand nieder), ist jetzt auf freien Fuss gesetzt worden. So kommt bei uns das Frühjahr. Zwischen Banské Bystrica und Zvolen ruht der tote Stabsfeldwebel Hubert Klügel. Dass der sterben musst'… Wenige Stunden vor Kriegsende… Tja – Wie entschied der Herr Justizminister Dr. Leverenz am Rosenmontag?…:

Die Tat wurde in den Wirren der letzten Kriegsmonate begangen. Von Ruffin ist ein Mensch, der sonst ohne Tadel durch das Leben gegangen ist.«

Poeten! Jetzt ist Frühling geworden in Deutschland. Und euer Körper wird wieder gebraucht. Stehet auf! Und turnt mit mir. Und dann ein Lied: ein Lied für harte Männer!

Mannheim, 16. März 1965 (nach)
Neufassung!

Wenn das Frühjahr kommt in westdeutschen Landen...

Siehe
Kultur &
Gesellschaft

Von SIEGFRIED EINSTEIN

Wenn das Frühjahr kommt in westdeutschen Landen, spitzen die
Poeten ihre Bleistifte Marke "Othello", "Decoro" und "Castell".
Einige zitieren den seligen Herrn Josef Völk, der am 18. Mai des
Jahres 1868 im Zollparlament das Wort gesprochen hatte: "Jetzt
ist Frühling geworden in Deutschland!"... Andere reimen Märzen-
veilchen auf "warte noch ein Weilchen".

> Wenn der Schnee wegschmilzt in westdeutschen Landen,
> werden alte Faschisten nach kurzer Haft aus Gefäng-
> nissen entlassen — z.B. der ehemalige Regimentskom-
> mandeur Franz Freiherr von Ruffin, der am 12. April
> 1945 den jungen Stabsfeldwebel Hubert Klügel ohne
> Kriegsgerichtsverhandlung auf einem Sturzacker hatte
> niederknallen lassen...

Wenn es Lenzt in westdeutschen Landen, brauchen viele ver-
zweifelte Menschen einen Rat. "Der Beratungsdienst FÜR SIE" löst
alle Ihre Probleme! "Haben Sie Kummer mit Ihren Kindern? In allen
Erziehungsfragen berät Sie gern unser erfahrener Kinderpsychologe
Dr. Willy Storck. — Lieben Sie Tiere? Unsere Tierexpertin Leni
Fiedelmeier weiss immer, was Ihren vierbeinigen oder gefiederten
Freunden daheim gut tut. — Haben Sie ein ganz persönliches
Problem? Unsere von allen verehrte Frau Ursula wird Ihre Fragen
ganz individuell und vertraulich beantworten."

Das allgemeine Frühlingserwachen verlangt auch der Lulu an
Rhein und Isar verstärkte Körperpflege ab: Lulu hat "Kult" entdeckt, "die Seife der kultivierten Welt". In "veilchengleicher
Duft-Schönheit fügt sich des Irisöl sanft in den erlesenen Reichtum von Sandelholz und Vanille, von Nelken, Jasmin und Citronen,
von Patchouliblättern, Myrrhen, Orchideen und bittern Pomeranzen
— den 134 lichten und dunklen Duft-Tönen aus aller Welt". Lulu,
Typ 1965, steht strahlend — "Frische, die schön macht, schenken
die three flowers vitaline-Cremes" — vor den drei Männern in den
besten Jahren, die Unterschriftenmappe präsentierend: Lulu hat
allen Grund zu so viel Sicherheit! Löste nicht "Camelia das
entscheidende Problem der Frauenhygiene"?

Doch Lulu hat nicht nur Sinn für Jasmin und "die makellose
Sauberkeit, die Segrotan schenkt": Sie zeigt auch neue Jersey-
Modelle vor der Schlossfassade derer zu Solms-Braunfels. Lulu
stellt einen Damenschuh neben eine Pickelhaube, ihren Fuss auf
eine alte Kanone, ihre Handtasche neben eine Hellebarde. Und endlich
lässt sie sich, ganz in Oro Vlies, neben einem ältlichen Idioten
in Uniform und mit kompletten Kriegsauszeichnungen fotografieren.

- 2 -

Wedekind, der nach Klabund in "Lulu" die "natürliche Dämonie des Weibes gross gestaltet", hat sich gewiss nie die Mühe genommen, einer Modeschau auf dem Schloss der Fürsten zu Solms-Braunfels beizuwohnen. Der Frühling des Jahres 1965 erwacht eben doch ganz anders...

> Wenn das Frühjahr kommt in westdeutschen Landen, werden die Gnadengesuche hoher westdeutscher Persönlichkeiten wohlwollend geprüft — doch nur, wenn es sich um einen Totschläger in Gestalt eines deutschen Freiherrn mit einem 2000-Morgen-Gut handelt...

Was der Stabsfeldwebel vor
20 Jahren schrie...

Ehe der Stabsfeldwebel Hubert Klügel auf jenem Sturzacker zwischen Banské Bystrica und Zvolen auf Befehl des Majors von Ruffin auf die Knie sank, fand er noch einen Moment Zeit, dem zynischen Regimentskommandeur zuzurufen:

"Herr Major, Sie sind das grösste und dreckigste Schwein, das mir je unter die Augen gekommen ist!"

Der wegen Totschlags zu 18 Monaten Gefängnis verurteilte Herr über ein 2000-Morgen-Gut in Schleswig-Holstein ist nun nach 5-monatiger Haft vom Justizminister persönlich begnadigt worden. Dr. Bernhard Leverenz, ein Mann der FDP, entschied am Rosenmontag des Jahres 1965:

"Die Tat wurde in den Wirren der letzten Kriegsmonate begangen. Von Ruffin ist ein Mensch, der sonst ohne Tadel durch das Leben gegangen ist."

In der Tat: Das Leben eines kleinen Stabsfeldwebels ist ohne Bedeutung, wenn ein grosser Major vor seinem Justizminister steht. Wir leben doch schliesslich im "freien Teil" Deutschlands! Und also war für den Freiherrn "am Aschermittwoch alles vorbei".

Wenige Tage nach dem Aschermittwoch begann ich mit Turnübungen. Dr. Lehmann hatte bereits im ersten Monat des Jahres 1965 eine Verordnung z.H. von Frau Regine Rempel, Krankengymnastikerin, geschrieben: Wegen Spondylarthrose, Halswirbelsäule und Bandscheibenschäden 12 Bindegewebsmassagen. Zusätzlich empfahl mir der Mann Morgengymnastik. Ich bin Spätaufsteher. Am Morgen denke ich. Liegend. Und bei geschlossenen Fensterläden. Doch nachts, wenn die Bauer schlafen, und Lulu im Kreise der drei Herren, denen sie am Tage die Unterschriftenmappe präsentiert, in "makelloser Sauberkeit, die Sagroten schenkt", sich ihr bescheidenes Taschengeld verdient: Nachts lese und schreibe ich. Und in einer solchen Nacht kommen mir die auserlesenen Verse eines gewissen Baldur von Schirach in die Hand. Eines dieser Gedichte heisst "Durch Taten!"

- 3 -

Es ist ein sehr deutsches, ein sehr männliches Gedicht. Warum sollte man es nicht in ein Schullesebuch aufnehmen? Die jungen Offiziere von Negold hätten es nicht stärker dichten können...:

"Ihr sollt brennen! / Nicht wie Asketen, / die in Gebeten / sich bekennen, / nein! Wie Soldaten, / die tief in Gräben, /Gebete leben / durch ihre Taten!"

Jedesmal zittert meine Seele von neuem beim Anblick dieses Auftrags: "Dein Körper gehört Deiner Nation, denn ihr verdankst Du Dein Dasein. Du bist für Deinen Körper verantwortlich!" - Baldur von Schirach.

In jener Nacht leistete ich mir nur noch vier Stunden Schlaf. Punkt sechs Uhr rasselte der Wecker. Ich sprang aus dem Bett. Resch Super-Colgate auf die Zahnbürste: "Super-Colgate bekämpft den Zahnverfall 12 Stunden und länger!" — Bei offenem Fenster begann ich meine Turnübungen. Mein Körper gehört der deutschen Nation! Ich bin für ihn verantwortlich! Jeder deutsche Mann muss etwas für Deutschland tun. In diesem Frühling. Ich hätte sogar um Deutschlands willen in diesem Jahr meinen Urlaub auf Sylt oder am Königssee verbadet. Doch die "Deutsche Soldatenzeitung" will es anders. Im April des Jahres 1960 hat sie von mir erwartet:

"Ferien am blauen Meer im KAMERADENHOTEL EDEN. Wenn Sie Ruhe und Erholung suchen, dann kommen Sie zu uns! Eine ausgezeichnete Küche (auf Wunsch deutsch), die herrliche, ruhige Lage unseres Hotels und ein wunderschöner, langer Badestrand bürgen dafür, dass Sie sich in unserem Hause wohlfühlen. (Vor- und Nachsaison Lire 1.800, Hauptsaison 2.500 bis 3.000). Verlangen Sie bitte ausführlichen Prospekt bei Sepp Engel, Hotel 'Eden', Rimini, Viale Firenze 5."

Wenn es lenzt von Niebüll bis St. Blasien...

Wenn es lenzt von Niebüll bis St. Blasien, kümmert sich ein richtiger deutscher Prinz um seinen Bruder im Geiste: Um den Soldatentotschläger Franz Freiherr von Ruffin... Ehe nämlich der Herr Justizminister am Aschermittwoch dem Herrn Major a.D. jenes feierliche "Alles vorbei!" bescheinigte, waren wunderschöne Gnadengesuche für den "sonst ohne Tadel durch das Leben gegangenen" Regimentskommandeur eingegangen eingelaufen. Eines der edelsten kam von einem wahrhaft Edlen, von

<u>Friedrich Ferdinand Prinz zu Schleswig-Holstein - Sonderburg - Glücksburg, Landesvorsitzender des Soldatenbundes Kyffhäuser und des Verbandes Deutscher Soldaten.</u>

Wenn es lenzt von Niebüll bis St. Blasien, verbinden viele

Wirtschaftswundermänner das Angenehme mit dem Nützlichen, ohne sich daran zu stören, dass diese Worte von Polybius oder Plutarch entlehnt sein könnten. Ein Herr in Fischerstiefeln und Anorak, mit Angelrute und Netz — ganz Mann wie O.W. Fischer, ganz Soldat wie Dr. Gerhard Frey von der "Deutschen National- und Soldaten-Zeitung", ganz Frauenidol wie Ritterkreuzträger Erich Mende — steht, eine Flasche in der Linken, an einem Bergbach. Neben ihm hält "sein Freund", der Brummbär, ein Glas mit beiden Tatzen fest. Zwischen den beiden kommt diese Unterhaltung zustande:

Der Angler mit dem Antlitz, das an O.W. Fischer, Dr. Gerhard Frey und Erich Mende erinnert: "Sie beissen nicht an!"

Sein Freund, der Bär: "Liegt wohl am Köder."

Der Mann: "Puschkin wäre gut!"

Sein Freund, der Bär: "Für Forellen?"

Der Mann: "Für harte Männer!"

Sein Freund, der Bär: "Prost Puschkin!"

Über der verschneiten Bergschlucht stehen die Worte: PUSCHKIN — FÜR HARTE MÄNNER.

Seht ihr: so verbinden die beiden — der Mann mit dem stählernen Antlitz und der Brummbär — das Puschkintrinken mit dem Fischen. Ihr seht: der männliche deutsche Fischer erinnert sich beim Trunk am Bergbach des im Alter von 38 Jahren gestorbenen russischen Aristokraten Puschkin.

Oder: Der Oberbürgermeister von Freiburg im Breisgau liess (wie wir erst jetzt erfahren) "die ihm zugegangenen Weihnachtspräsente in seinem Dienstzimmer auf einem Tisch ausbreiten und bat dann einen CDU-Stadtrat, der von Beruf Staatsanwalt ist, zu beurteilen, welche Geschenke er im Hinblick auf den Bestechungsparagraphen nicht annehmen dürfe. Der Staatsanwalt-Stadtrat fand nichts Beanstandenswertes".

Ihr seht: Auch dieser Mann hat es vortrefflich verstanden, eine der schönsten Blüten des Wirtschaftswunders an den treuen Busen der deutschen Justitia zu drücken.

Oder: Der Schlagersänger Bill Ramsey — kein Mensch weiss, ob er nur so dumm aussieht, weil das Westdeutschlands Schmalzenfabrikanten so an ihm lieben — erklärte soeben: "Meine Liedchen wollen ganz einfach ein Spass sein... Wissen Sie, man sollte sich nicht so ernst nehmen". Seht ihr: Auch Bill Ramsey, dessen "Mimi ohne Krimi nie ins Bett geht", kassiert harte D-Mark und gibt Anweisungen zum nützlichen Fröhlichsein. Ihr werdet einwenden: In Ramseys Liedern sei überhaupt nichts mehr von deutscher Ehre, kein Ton von einem deutschen Nationalgefühl. Ja, das stimmt.

Und deshalb riechen seine Lieder obendrein noch wie französisches Parfum und Seife aus Florenz.

Gerade in diesen Tagen, da es um die Mauer geht, um die NATO, um das deutsche Herz an Rhein und Donau, hätten wir den guten alten Duft des deutschen Heidekrautes tausendmal nötiger als die "134 lichten und dunklen Duft-Töne aus aller Welt!" Wir brauchen in dieser Situation, die wieder einmal so bitter-enst ist, kein Irisöl aus der Toscana. Was wir brauchen, sind Männer, die aussehen wie O.W. Fischer plus Dr. Gerhard Frey plus Erich Mende: Männer, die hart sind! Nicht Puschkin sollen sie trinken, diese Männer — doch für Deutschland sollen sie singen. Essen. Zeugen. Aufstehen. Marschieren.

Einer dieser Männer, der Herr über ein 2000-Morgen-Gut in Schleswig-Holstein, der gleiche, dem das Kieler Justizministerium bereits im Jahre 1961 Strafaufschub wegen "Einbringung der Ernte" gewährte (im westdeutschen Staat mähen Freiherrn und Grafen alles mit eigener Hand nieder), ist jetzt auf freien Fuss gesetzt worden. So kommt bei uns das Frühjahr. Zwischen Banská Bystrica und Zvolen ruht der tote Stabsfeldwebel Hubert Klügel. Dass der sterben musst'... Wenige Stunden vor Kriegsende... Tja — Wie entschied der Herr Justizminister Dr. Leverenz am Rosenmontag?...:

> "Die Tat wurde in den Wirren der letzten
> Kriegsmonate begangen. Von Ruffin ist ein
> Mensch, der sonst ohne Tadel durch das
> Leben gegangen ist."

Poeten! Jetzt ist Frühling geworden in Deutschland. Und euer Körper wird wieder gebraucht. Stehet auf! Und turnt mit mir. Und dann ein Lied: ein Lied für harte Männer!

Zwanzig Jahre
nach jenem Karfreitag ...

Mannheim 5./6. April 1965

16. April 1965: Karfreitag. Von Flensburg bis Friedrichshafen sitzen Egbert und Elisabeth, Hugo und Hildegard, Martin und Martha, Rudolf und Rita im VW und im Opel, im Mercedes und im Fiat. Sie verreisen. Mit friedlichen Gedanken. Freudigen Gefühlen. In farbigen Roben. Sie lachen. Lieben. Loben. Das Fenster glänzt. Die Zigarette glimmt. Helle Gedanken glücken. Vietnam ist weit. Die bedingungslose Kapitulation ist weit. Der 16. April 1945 ist weit ...

16. April 1945: Die Alliierten stehen vor Stuttgart und Magdeburg, in Bratislava und Wien. Drei Tage später ehren die Überlebenden in deutscher, englischer, französischer, polnischer und russischer Sprache auf dem Appellplatz im KZ-Buchenwald ihre erschossenen und erschlagenen, erstickten und ertränkten, gehängten und durch Spritzen getöteten, vergifteten, verhungerten und zertrampelten Kameraden. Doch zehn Tage vor dem 16. April werden noch 15.000 ausgemergelte, wehrlose Juden aus dem »Kleinen Lager ausgesiedelt« ... Und sieben Tage nach jenem 16. April benützen die SS-Wachmannschaften die allerletzte Gelegenheit, die Häftlinge aus Oranienburg, Ravensbrück und Sachsenhausen auf den Fußmär-

schen in Richtung Schleswig »umzulegen«. Fünf Tage nach jenem 16. April telegrafiert Hitler an Mussolini:

»Der Kampf, den wir um unsere nackte Existenz führen, hat seinen Höhepunkt erreicht. Mit unbeschränktem Materialeinsatz setzen der Bolschewismus und die Truppen des Judentums alles daran, ihre zerstörerischen Kräfte in Deutschland zu vereinen. Im Geiste zäher Todesverachtung werden das deutsche Volk und alle, die gleichen Geistes sind, diesen Ansturm zum Halten bringen, wie schwer auch der Kampf sein mag, und durch ihren einzigartigen Heldenmut den Verlauf des Krieges ändern.«

Lange vor jenem Telegramm wandte sich Thomas Mann über die Wellen von BBC an seine Landsleute mit den Worten:

»Nicht siegen müßt ihr – denn das könnt ihr nicht. Ihr müßt euch reinigen.«

Sie hörten ihn, seine Landsleute – und stellten sich taub. Und also ward die Finsternis total.

Am gleichen Tag, da Hitler Mussolini telegrafisch der »zähen Todesverachtung« des deutschen Volkes versichert, wendet sich Goebbels an seine Mitarbeiter:

»Was fange ich mit einem Volk an, dessen Männer nicht einmal kämpfen, wenn ihre Frauen vergewaltigt werden. Das deutsche Volk hat versagt. Im

Osten läuft es davon, im Westen empfängt es den Feind mit weißen Fahnen. Dieses Schicksal hat sich das deutsche Volk selbst gewählt. Ich habe niemanden gezwungen, mein Mitarbeiter zu sein. Warum haben Sie mit mir gearbeitet? Aber wenn wir abtreten, dann soll der Erdkreis erzittern.«

Und nun sind zwanzig Jahre vergangen seit jenem April. Zwanzig Jahre seit der Stunde, da Reichmarschall Hermann Göring vor seinem Führer den Mut des Generalobersten Kurt Student rühmend hervorhob: »... Auch im feindlichen Granatfeuer hat er sich nicht hingelegt!« Und kaum sechs Jahre sind verflossen, seit der Generaloberst a. D. Student, 1959, auf dem großen Fallschirmjägertreffen in der imposanten Stadthalle zu Freiburg in Baden vor dreieinhalbtausend strammstehenden Germanen ausrief:

»Jeglicher Diffamierung der alten Soldaten muß Einhalt geboten werden! ... Der Nimbus des deutschen Soldaten ist wieder ein Faktor in der Weltpolitik geworden! ... Wir haben zu viele Helfershelfer des Kreml in unseren Mauern. Die Saboteure an unserem Staatswesen sind in die Schranken zu weisen! ...

(und dann zu Kesselring, Hitlers ergebenem Generalfeldmarschall, dem Idealbild eines militaristischen Henkers, der den Hitler-General von Gersdorff vor 20 Jahren schriftlich rügte, daß »zu wenig Landser an den Bäumen hingen«, zu Kesselring, dem damaligen Stahlhelmpräsidenten in

der Bundesrepublik Deutschland: Und dann zu Kesselring, dem 1.500-D-Mark-Pensionsbezieher, gewandt):
Sie sind unser Feldmarschall!!«

Fünf und dreiviertel Jahre lang wurde geschossen und gehängt. Gewürgt und geköpft. Vergast und verbrannt. Im Namen der Armee und des Außenamtes. Im Sinne des Führers und der Forschung. Im Auftrag der Großbourgeoisie und des Großkapitals. Im Einverständnis mit der Justiz und den Judenwürgern. Als der Krieg zu ende war, hatten 54 800 000 Menschen ihr Leben verloren ...

Und nun ist das Frühjahr gekommen. Mit neuen Hüten und neuen Schuhen. Die Frau zwischen Nord- und Bodensee trägt »Schmetterling« im Haar. Der Mann Antikommunismus links, wo die Brieftasche sitzt und das Herz. Ostern, das christliche Fest im Zeichen der Kamera und des Kofferradios, ist zum Anti-Kossygin-Tag [Alexei Nikolajewitsch Kossygin, sowjetischer Ministerpräsident 1964–1980] avanciert.

Hat Frau Bösecker damals auch geschluchzt ...?

Als am 1. April des Jahres 1933 SA-Männer mit Schulterriemen und Plakaten, auf denen groß zu lesen stand »Deutsche! Wehrt euch! Kauft nicht bei Juden!« und »Juda verrecke!«, vor den jüdischen Geschäften standen –: Hat da Frau Bösecker auch geschluchzt?

Als am 20. April 1938 der Bekenntnispfarrer Paul Schneider bei der »Ehrung« Hitlers auf dem

Appellplatz des Konzentrationslagers Buchenwald sich weigerte, die Mütze abzunehmen und dafür unter Fußtritten und mörderischen Schlägen in den Bunker gejagt ward –: Hat da Frau Bösecker auch geschluchzt? – O gewiß, gnädige Frau: Im Jahre 1938 wußte man in Deutschland sehr wohl, was es hieß, in Dachau und Buchenwald zu leiden! Es ist durchaus nicht so, wie der westdeutsche Ritterkreuzträger, Bundesminister für »Gesamtdeutsche Fragen« und Vizekanzler Dr. Erich Mende soeben anläßlich der vornehmen »Woche der Brüderlichkeit« vor dem Präsidenten des Oberrates der Israeliten Badens versicherte: »Das deutsche Volk hat von diesen Grausamkeiten nichts gewußt und konnte nichts gewußt haben!«

Als am 14. April 1940 Generalgouverneur Hans Frank forderte, Krakau müsse JUDENFREI gemacht werden –: Hat da Frau Bösecker auch geschluchzt?

Als am 6. April 1941 deutsche Truppen auf Befehl verbrecherischer Generale und Offiziere Jugoslawien und Griechenland überfielen –: Hat da Frau Bösecker auch geschluchzt?

Als im April des Jahres 1942 kleine jüdische Kinder aus Deutschland in die Vernichtungslager gen Osten deportiert wurden –: Hat da Frau Bösecker auch geschluchzt?

Als das Warschauer Ghetto vom 19. April bis zum 16. Mai des Jahres 1943 unter Einsatz ausgesuchter großdeutscher Waffen und Folterwerkzeuge liquidiert wurde –: Hat da Frau Bösecker auch geschluchzt?

Als im April 1945 die 15jährigen zur Wehrmacht geholt wurden, um das »Vaterland« zu verteidigen –: Hat da Frau Bösecker auch geschluchzt? Und hat sie wohl geschluchzt in ohnmächtiger Empörung, als der Führer »zur Aufrechterhaltung der Disziplin« diesen Befehl erließ: »Merkt Euch: Jeder, der Maßnahmen, die unsere Widerstandskraft schwächen, propagiert oder gar billigt, ist augenblicklich zu erschießen oder zu erhängen ...«?

Endlich: Hat sie vor Freude geschluchzt, als die sowjetischen Truppen in den Morgenstunden des 16. April 1945 an Oder und Neiße den Großangriff gegen Berlin begannen? Ja – oder nein?

Und (allerletzte Frage an Frau Bösecker): hat sie in aufrichtigem Schmerz geschluchzt, als sie erfuhr, daß von den 42 105 deutschen Juden, die in das grauenvolle Theresienstadt transportiert wurden, 36 464 an nagendem Hunger und zehrender Krankheit dahinstarben? Ja – oder nein?

Jetzt hat sie geschluchzt, die Frau Bösecker aus Berlin-Marienfelde. Eine große Frankfurter Tageszeitung hat es uns wissen lassen. Dort schreibt ein Berichterstatter aus Helmstedt:

»Seit 20 Stunden ernähren wir uns nur flüssig und mit Keks. Aber wir haben den Mut nicht verloren.« Das sagte am Montagnachmittag Herr Bernsmeier, einer von mehr als zehntausend Berlinern, die auf der Autobahn Köln-Berlin knapp fünf Kilometer vor dem Schlagbaum standen ...
Die wenigen Gaststätten am Kontrollpunkt waren nahezu alle zwei Stunden restlos ausverkauft.

Was nur eß- oder trinkbar war, fand reißenden Absatz. Über Schleichwege, querfeldein, mußte pausenlos Nachschub beschafft werden.

»Und wir waren so froh«, schluchzte Frau Bösecker aus Berlin-Marienfelde. »Samstagfrüh waren wir zu meiner Schwester nach Rinteln gefahren und hatten die Kinder mitgenommen. Als wir am Sonntagabend gegen 19 Uhr zurückfuhren, wollten wir zu Hause in Berlin Abendbrot essen. Seitdem stehen wir hier. Und wer sorgt zu Hause für den Wellensittich?«

Man kann es Frau Bösecker aus Berlin-Marienfelde nicht zum Vorwurf machen, daß sie sich in deutscher Geschichte so wenig auskennt. Sie steht nicht allein da in dieser Geschichte. Hat nicht auch der westdeutsche Bundesminister »Gesamtdeutsche Fragen«, der gleiche, der das Ritterkreuz aus dem Krieg, der zur Versklavung der Franzosen und Polen, Russen und Jugoslawen geführt wurde, in hohem Stolz immer wieder mal trägt, von deutscher Geschichte nichts begriffen, wenn er kühn behauptet: »Das deutsche Volk hat von diesen Grausamkeiten nichts gewußt und konnte nichts gewußt haben!« ... Wie soll nun die kleine Frau Bösecker begreifen, was das war: eine Gaskammer, eine Genickschußanlage, eine Bunkerzelle, der Hungertod – wenn doch der einstige Judengesetz-Kommentator, Adenauer-Intimus und Staatssekretär im Bundeskanzleramt zu Bonn, jetzt, im April des Jahres 1965 dem SPIEGEL gegenüber betont: »Ich möchte, daß es jetzt endlich um meine Person ruhig wird«...

Am gleichen Tage, da Frau Bösecker aus Berlin-Marienfelde um das Abendbrot und den Wellensittich Tränen vergießt, stehe ich vor dem einstigen Krematorium, vor den zahllosen symbolischen Grabsteinen (denn keiner weiß, wohin die Asche verweht ward, die Asche von Salomon und Rebekka, Mirjam und Nathan, Lev und Janina) in Terezin, das einst Theresienstadt hieß, und Trauer und Typhus, Trostlosigkeit und Tod bedeutete für 153 000 Juden aus 35 Nationen! –

Schwarz von Trauer ist mein Herz am Nachmittag des 6. April 1965 – und Frau Bösecker schluchzt um Abendbrot und Wellensittich. So sind die guten Böseckers von Flensburg bis Friedrichshafen und in Berlin-Marienfelde: Empfindsam, wenn es Sonntagabend wird, und der Wellensittich mit sich alleine plaudert.

> Was versteht ein Bonner Minister unter »Gewissen«?

In einer Hamburger Illustrierten mit Riesenauflage schrieb jetzt, am 11. April, ein einflußreicher Publizist über den Rücktritt des westdeutschen Justizministers:

> »Seine Erscheinung ist unverwechselbar ... Er war ein guter Minister... Er hat zu seinem Wort gestanden ... Ewald Bucher hat der Stimme seines Gewissens gehorcht.«

Da hätte ich nun drei Fragen an den im Interesse der FDP gegangenen Herrn Minister. Werde ich den Mann, der sich nun mehr seiner Hängematte, dem Flötenspiel mit Frau Ruth an Sonntagen und dem »standfesten« Dackel »Wurzel (auf vier vollen Bildseiten wird uns der gewesene Justizminister so erst richtig liebenswert gemacht!) widmen darf, nicht inkommodieren? Also –

Frage 1: Was verstand er unter Gewissen, der Dr. jur. Ewald Bucher, als er, nachdem jüdische Fenster eingeschlagen, deutsche Sozialdemokraten und Kommunisten verhaftet und die Gewerkschaften aufgehoben waren, den hohen Orden aus den Händen der Henker der Republik damals entgegennahm?

Frage 2: Was verstand er unter Gewissen, der Justizminister der deutschen Bundesrepublik, als er erfuhr, daß der einstige Gestapo-Kommissar und SS-Hauptsturmführer Werner Aretz, der ehemalige Gestapo-Kommissar und SS-Hauptsturmführer Johannes Strübing, der gewesene Gestapo-Fachmann Alfred Wurbs unter der Leitung des einstigen SS-Hauptsturmführers, Kriminalrats im Amt IV des Reichssicherheitshauptamtes, Erich Wenger –: Was verstand Herr Bucher unter »Gewissen«, als ihm klar war, daß diese einst Himmler ergebenen Herren nun hinter einem Schild »NICHT STÖREN!« im Kölner Bundesverfassungsschutzamt tätig waren, worüber der ebenfalls beim westdeutschen Verfassungsschutz sein Geld verdienende Werner Pätsch dann berichtete:

»Seit November 1956 ... bin ich Angestellter beim Bundesamt für Verfassungsschutz in Köln ... Ich bin seit Jahren an der Post- und Telefonüberwachung von Personen beteiligt. Und es sind mir in der letzten Zeit durch gewisse Vorkommnisse Gewissenskonflikte darüber entstanden, ob meine Arbeit mit dem Grundgesetz zu vereinbaren ist ... Es stecken hinter dieser Telefonaffäre KEINE MACHENSCHAFTEN DER JUDEN, wie es ein ehemaliger SS-Führer im Bundesamt für Verfassungsschutz gesagt hat«...

Was verstand der Jurist Bucher im Herbst des Jahres 1963 unter »Gewissen«?

Frage 3: Wie viele Stimmen von einstigen Ritterkreuzträgern, Gestapo-Spezialisten, KZ-Schlägern und Schreibtischmördern glaubt die FDP durch den Rücktritt des Ministers Bucher im Wahljahr zu gewinnen?

Dieweil der gegangene Justizminister auf der Flöte und mit dem Dackel »Wurzel« spielt, spielt man in Berlin Bonn und in Bonn Berlin. Die Hauptstadt der Bundesrepublik heißt Bonn. Das lernen schon die Kinder in der Schule. Nun gefällt es aber gewissen Herren von Zeit zu Zeit, zwei Hauptstädte sich anzumaßen. Das wäre ungefähr so, als wollte das Schweizer Parlament einmal in Bern und dann wieder in Rom tagen. Bei aller Gutnachbarlichkeit: Die Römer hätten etwas dagegen! Und man könnte sie verstehen.

Nun: 20 Jahre nach dem Ausspruch Hitlers zu General Koller (21. April 1945):

»Sie werden sehen, der Russe erleidet die größte Niederlage, die blutigste Niederlage seiner Geschichte vor den Toren der Stadt Berlin ...«

– 20 Jahre nach jenem größenwahnsinnigen Gequassel eines kurz vor dem Selbstmord Stehenden mutet es durchaus logisch an, wenn Herrschaften, die dem Führer durch alle Jahre in Treue folgten, noch immer nicht begreifen können, daß das westliche Deutschland NUR EINE Hauptstadt besitzen soll. Bonn ist Bonn. Und Berlin ist Berlin.

Die guten Böseckers in Berlin-Marienfelde und Düsseldorf sollten vielleicht einmal darüber nachdenken, warum Bonn nicht in Berlin und Berlin nicht in Bonn herrschen kann. Sie sollten sich überlegen, welch untilgbare Schuld die zahllosen Globkes von 1933 bis 1965 auf sich geladen. Sie weinten nicht mehr über das kalt gewordenen Abendbrot und den für ein paar Stunden einsam gewordenen Wellensittich – sie weinten über die Ignoranz, über ihre einstige Intoleranz, über ihre heutige Ideosynkrasie, die sich da manifestiert in Worten wie: »Jüdisch-bolschewistisch« ... »Freier Westen – sogenannte DDR« ... Die guten Böseckers in Berlin-Marienfelde und Frankfurt am Main sollten nie vergessen, daß der Führer am 21. April vor genau 20 Jahren einem seiner besten Generale versprach:

»Sie werden sehen, der Russe erleidet die größte Niederlage, die blutigste Niederlage seiner Geschichte vor den Toren der Stadt Berlin...«

– und genau 9 Tage später Selbstmord verübte im Bunker der Reichskanzlei: zu Berlin.

Zwanzig Jahre nach jenem Karfreitag, zwanzig Jahre nach der bedingungslosen Kapitulation Deutschlands heißt die Hauptstadt der Bonner Republik ganz einfach Bonn. Daran wird man sich nun endlich gewöhnen müssen. Der Wellensittich der Frau Bösecker würde das ganz gewiß verstehen. Aber – ein Wellensittich ist ja auch nur ein Vogel. Und also ohne Verstand. Nur der Mensch hat Verstand. Nun erfuhr aber jener portugiesische Mönch schon vor 400 Jahren von Papst Julius III.:

> »Wenn Ihr wüßtet, mit wie wenig Aufwand von Verstand die Welt regiert wird, so würdet Ihr euch wundern!«

Mannheim, 5./6. April 65

Zwanzig Jahre nach jenem Karfreitag...

Von SIEGFRIED EINSTEIN

16. April 1965: Karfreitag. Von Flensburg bis Friedrichshafen sitzen Egbert und Elisabeth, Hugo und Hildegard, Martin und Martha, Rudolf und Rita im VW und im Opel, im Mercedes und im Fiat. Sie verreisen. Mit friedlichen Gedanken. Freudigen Gefühlen. In farbigen Roben. Sie lachen. Lieben. Loben. Das Fenster glänzt. Die Zigarette glimmt. Helle Gedanken glücken. Vietnam ist weit. Die bedingungslose Kapitulation ist weit. Der 16. April 1945 ist weit...

16. April 1945: Die Alliierten stehen vor Stuttgart und Magdeburg, in Bratislava und Wien. Drei Tage später ehren die Überlebenden in deutscher, englischer, französischer, polnischer und russischer Sprache auf dem Appellplatz im KZ-Buchenwald ihre erschossenen und erschlagenen, erstickten und ertränkten, gehenkten und durch Spritzen getöteten, vergifteten, verhungerten und zertrampelten Kameraden. Doch zehn Tage vor jenem 16. April werden noch 15 000 ausgemergelte, wehrlose Juden aus dem "Kleinen Lager ausgesiedelt"... Und sieben Tage nach jenem 16. April benützen die SS-Wachmannschaften die allerletzte Gelegenheit, die Häftlinge aus Oranienburg, Ravensbrück und Sachsenhausen auf den Fußmärschen in Richtung Schleswig "umzulegen". Fünf Tage nach jenem 16. April telegrafiert Hitler an Mussolini:

siehe STERN, Hamburg:
11. APRIL 1965, Seite 76

"Der Kampf, den wir um unsere nackte Existenz führen, hat seinen Höhepunkt erreicht. Mit unbeschränktem Materialeinsatz setzen der Bolschewismus und die Truppen des Judentums alles daran, ihre zerstörerischen Kräfte in Deutschland zu vereinen. Im Geiste zäher Todesverachtung werden das deutsche Volk und alle, die gleichen Geistes sind, diesen Ansturm zum Halten bringen, wie schwer auch der Kampf sein mag, und durch ihren einzigartigen Heldenmut den Verlauf des Krieges ändern."

Lange vor jenem Telegramm wandte sich Thomas Mann über die Wellen von BBC an seine Landsleute mit den Worten:

siehe mein Artikel vom 24./25. MÄRZ 65

"Nicht siegen müßt ihr — denn das könnt ihr nicht. Ihr müßt euch reinigen."

Sie hörten ihn, seine Landsleute — und stellten sich taub. Und also ward die Finsternis total.

Am gleichen Tag, da Hitler Mussolini telegrafisch der "zähen Todesverachtung" des deutschen Volkes versichert, wendet sich Goebbels an seine Mitarbeiter:

siehe STERN, 11.4.65
Seite 76

"Was fange ich mit einem Volk an, dessen Männer nicht einmal mehr kämpfen, wenn ihre Frauen vergewaltigt werden. Das deutsche Volk hat versagt. Im Osten läuft es davon, im Westen empfängt es den Feind mit weißen Fahnen. Dieses Schicksal hat sich das deutsche Volk selbst gewählt. Ich habe niemand gezwungen, mein Mitarbeiter zu sein. Warum haben Sie mit mir gearbeitet? Aber wenn wir abtreten, dann soll der Erdkreis erzittern."

Und nun sind zwanzig Jahre vergangen seit jenem April. Zwanzig

Jahre seit der Stunde, da Reichsmarschall Hermann Göring vor seinem Führer den Mut des Generaloberst Kurt Student rühmend hervorhob: "... Auch im feindlichen Granatfeuer hat er sich nicht hingelegt!" Und kaum sechs Jahre sind verflossen, seit der Generaloberst a.D. Student, 1959, auf dem großen Fallschirmjägertreffen in der imposanten Stadthalle zu Freiburg in Baden vor dreieinhalbtausend strammstehenden Germanen ausrief:

<small>siehe STERN 11.APRIL 1965 / S. 74</small>

<small>siehe mein EICHMANN-Buch: S. 151/156</small>

"Jeglicher Diffamierung der alten Soldaten muß Einhalt geboten werden!... Der Nimbus des deutschen Soldaten ist wieder ein Faktor in der Weltpolitik geworden!... Wir haben zu viele Helfershelfer des Kreml in unseren Mauern. Die Saboteure an unserem Staatswesen sind in die Schranken zu weisen!...

<small>siehe K.Hirsch: "Blutlinie" / S. 243</small>

(und dann zu Kesselring, Hitlers ergebenem Generalfeldmarschall, dem Idealbild eines militaristischen Henkers, der den Hitler-General von Gersdorff vor 20 Jahren schriftlich rügte, daß "zu wenig Landser an den Bäumen hingen", zum Kesselring, dem damaligen Stahlhelmpräsidenten in der Bundesrepublik Deutschland: Und dann zu Kesselring, dem 1.500-D-Mark-Pensionsbezieher, gewandt):

Sie sind unser Feldmarschall!!"

Fünf und dreiviertel Jahre lang wurde geschossen und gehängt. Gewürgt und geköpft. Vergast und verbrannt. Im Namen der Armee und des Außenamtes. Im Sinne des Führers und der Forschung. Im Auftrag der Großbourgeoisie und des Judenkapitals. Im Einverständnis mit der Justiz und den Judenwürgern. Als der Krieg zu Ende war, hatten 54 800 000 Menschen ihr Leben verloren...

Und nun ist das Frühjahr gekommen. Mit neuen Hüten und neuen Schuhen. Die Frau zwischen Nord- und Bodensee trägt "Schmetterling" im Haar. Der Mann Antikommunismus links, wo die Brieftasche sitzt und das Herz. Ostern, das christliche Fest im Zeichen der Kamera und des Kofferradios, ist zum Anti-Kossygin-Tag avanciert.

Hat Frau Bösecker damals auch geschluchzt...?
==

Als am 1. April des Jahres 1933 SA-Männer mit Schulterriemen und Plakaten, auf denen groß zu lesen stand "Deutsche! Wehrt Euch! Kauft nicht bei Juden!" und "Juda verrecke!", vor den jüdischen Geschäften standen —: Hat da Frau Bösecker auch geschluchzt?

Als am 20. April 1938 der Bekenntnispfarrer Paul Schneider bei der "Ehrung" Hitlers auf dem Appellplatz des Konzentrationslagers Buchenwald sich weigerte, die Mütze abzunehmen und dafür unter Fußtritten und mörderischen Schlägen in den Bunker gejagt ward —: Hat da Frau Bösecker auch geschluchzt?— O gewiß, gnädige Frau: Im Jahre 1938 wußte man in Deutschland sehr wohl, was es hieß, in Dachau und Buchenwald zu leiden! Es ist durchaus nicht so, wie

- 3 -

siehe
Jüdisch.
Mitteil.
Blatt
Karlsruhe
Nr. 4 :
APRIL
1965

der westdeutsche Ritterkreuzträger, Bundesminister für "Gesamtdeutsche Fragen" und Vizekanzler Dr. Erich Mende soeben anläßlich
der vornehmen "Woche der Brüderlichkeit" vor dem Präsidenten des
Oberrates der Israeliten Badens versicherte: "Das deutsche Volk
hat von diesen Grausamkeiten nichts gewußt und konnte nichts gewußt
haben!"

Als am 14. April 1940 Generalgouverneur Hans Frank forderte,
Krakau müsse JUDENFREI gemacht werden —: Hat da Frau Bösecker
auch geschluchzt?

Als am 6. April 1941 deutsche Truppen auf Befehl verbrecherischer Generale und Offiziere Jugoslawien und Griechenland überfielen —: Hat da Frau Bösecker auch geschluchzt?

Als im April des Jahres 1942 kleine jüdische Kinder aus Deutschland in die Vernichtungslager gen Osten deportiert wurden —: Hat
da Frau Bösecker auch geschluchzt?

Als das Warschauer Ghetto vom 19. April bis zum 16. Mai des
Jahres 1943 unter Einsatz ausgesuchter großdeutscher Waffen und
Folterwerkzeuge liquidiert wurde —: Hat da Frau Bösecker auch
geschluchzt?

Als im April 1945 die 15jährigen zur Wehrmacht geholt wurden,
um das "Vaterland" zu verteidigen —: Hat da Frau Bösecker auch
geschluchzt? Und hat sie wohl geschluchzt in ohnmächtiger Empörung,
als der Führer "zur Aufrechterhaltung der Disziplin" diesen Befehl
erließ: "Merkt Euch: Jeder, der Maßnahmen, die unsere Widerstandskraft schwächen, propagiert oder gar billigt, ist augenblicklich
zu erschießen oder zu erhängen..." ?

Endlich: Hat sie vor Freude geschluchzt, als die sowjetischen
Truppen in den Morgenstunden des 16. April 1945 an Oder und Neiße
den Großangriff gegen Berlin begannen? Ja — oder nein?

Und (allerletzte Frage an Frau Bösecker): hat sie in aufrichtigem Schmerz geschluchzt, als sie erfuhr, daß von den 42 105 deutschen
Juden, die in das grauenvolle Theresienstadt transportiert wurden,
36 464 an nagendem Hunger und zehrender Krankheit dahinstarben?
Ja — oder nein?

Jetzt hat sie geschluchzt, die Frau Bösecker aus Berlin-Marienfeld
Eine große Frankfurter Tageszeitung hat es uns wissen lassen. Dort
schreibt ein Berichterstatter aus Helmstedt:

siehe
Frankf.
Rundschau:
6. APRIL 65
Reportage:
"Sie vertrie-
ben sich mit
Federball die
Zeit"...

"Seit 20 Stunden ernähren wir uns nur flüssig und mit
Keks. Aber wir haben den Mut nicht verloren." Das sagte
am Montagmittag Herr Bernsmeier, einer von mehr als
zehntausend Berlinern, die auf der Autobahn Köln-Berlin
knapp fünf Kilometer vor dem Schlagbaum standen...

Die wenigen Gaststätten am Kontrollpunkt waren nahezu
alle zwei Stunden restlos ausverkauft. Was nur eß- oder
trinkbar war, fand reißenden Absatz. Über Schleichwege,
querfeldein, mußte pausenlos Nachschub beschafft werden.

I33

siehe Frankf.
Rundschau:
6. APRIL 1965
Reportage
(siehe S. 3!)

"**Und wir waren so froh**", schluchzte Frau Bösecker aus Berlin-Marienfelde. "Samstag früh waren wir zu meiner Schwester nach Rinteln gefahren und hatten die Kinder mitgenommen. Als wir am Sonntagabend gegen 19 Uhr zurückfuhren, wollten wir zu Hause in Berlin Abendbrot essen. Seitdem stehen wir hier. Und wer sorgt zu Hause für den Wellensittich?"

Man kann es Frau Bösecker aus Berlin-Marienfelde nicht zum Vorwurf machen, daß sie sich in deutscher Geschichte so wenig auskennt. Sie steht nicht allein da in dieser Geschichte. Hat nicht auch der westdeutsche Bundesminister für "Gesamtdeutsche Fragen", der gleiche, der das Ritterkreuz aus dem Krieg, der zur Versklavung der Franzosen und Polen, Russen und Jugoslawen geführt wurde, in hohem Stolz immer wieder mal trägt, von deutscher Geschichte nichts begriffen, wenn er kühn behauptet: "Das deutsche Volk hat von diesen Grausamkeiten nichts gewußt und konnte nichts gewußt haben!"... Wie soll man die kleine Frau Bösecker begreifen, was das war: eine Gaskammer, eine Genickschußanlage, eine Bunkerzelle, der Hungertod — wenn doch der einstige Judengesetz-Kommentator, Adenauer-Intimus und Staatssekretär im Bundeskanzleramt zu Bonn, jetzt, im April des Jahres 1965 dem SPIEGEL gegenüber betont: "Ich möchte, daß es jetzt endlich um meine Person ruhig wird"...

Am gleichen Tage, da Frau Bösecker aus Berlin-Marienfelde um das Abendbrot und den Wellensittich Tränen vergießt, stehe ich vor dem einstigen Krematorium, vor den zahllosen symbolischen Grabsteinen (denn keiner weiß, wohin die Asche verweht ward, die Asche von Salomon und Rebekka, Mirjam und Nathan, Lev und Janina) in Terezin, das einst Theresienstadt hieß und Trauer und Typhus, Trostlosigkeit und Tod bedeutete für 153 000 Juden aus 35 Nationen! —

Schwarz von Trauer ist mein Herz am Nachmittag des 6. April 1965 — und Frau Bösecker schluchzt um Abendbrot und Wellensittich. So sind die guten Böseckers von Flensburg bis Friedrichshafen und in Berlin-Marienfelde: Empfindsam, wenn es Sonntagabend wird, und der Wellensittich mit sich alleine plaudert...

Was versteht ein Bonner Minister unter "Gewissen"?

STERN:

11. APRIL 1965

In einer Hamburger Illustrierten mit Riesenauflage schrieb jetzt, am 11. April, ein einflußreicher Publizist über den Rücktritt des westdeutschen Justizministers:

"**Seine Erscheinung ist unverwechselbar... Er war ein guter Minister... Er hat zu seinem Wort gestanden... Ewald Bucher hat der Stimme seines Gewissens gehorcht.**"

Da hätte ich nun drei Fragen an den im Interesse der FDP gegangenen Herrn Minister. Werde ich den Mann, der sich nun mehr seiner

Hängematte, dem Flötenspiel mit Frau Ruth an Sonntagen und dem "standfesten" Dackel "Wurzel" (auf vier vollen Bildseiten wird uns der gewesene Justizminister so erst richtig liebenswert gemacht!) widmen darf, nicht inkommodieren? Also —

Frage 1: Was verstand er unter Gewissen, der Dr. jur. Ewald Bucher, als er, nachdem jüdische Fenster eingeschlagen, deutsche Sozialdemokraten und Kommunisten verhaftet und die Gewerkschaften aufgehoben waren, den hohen Orden aus den Händen der Henker der Republik damals entgegennahm?

Frage 2: Was verstand er unter Gewissen, der Justizminister der Deutschen Bundesrepublik, als er erfuhr, daß der einstige Gestapo-Kommissar und SS-Hauptsturmführer Werner Aretz, der ehemalige Gestapo-Kommissar und SS-Hauptsturmführer Johannes Strübing, der gewesene Gestapo-Fachmann Alfred Wurbs unter der Leitung des einstigen SS-Hauptsturmführers, Kriminalrats im Amt IV des Reichssicherheitshauptamtes, Erich Wenger —: Was verstand Herr Bucher unter "Gewissen", als ihm klar war, daß diese einst Himmler ergebenen Herren nun hinter einem Schild "NICHT STÖREN!" im Kölner Bundesverfassungsschutzamt tätig waren, worüber der ebenfalls beim westdeutschen Verfassungsschutz sein Geld verdienende Werner Pätsch dann berichtete:

siehe mein Leitartikel vom 1. OKTOBER 1963: "Bitte, nicht stören!"

de.!

> "Seit November 1956... bin ich Angestellter beim Bundesamt für Verfassungsschutz in Köln... Ich bin seit Jahren an der Post- und Telefonüberwachung von Personen beteiligt, und es sind mir in der letzten Zeit durch gewisse Vorkommnisse Gewissenskonflikte darüber entstanden, ob meine Arbeit mit dem Grundgesetz zu vereinbaren ist... Es stecken hinter dieser Telefonaffäre KEINE MACHENSCHAFTEN DER JUDEN, wie es ein ehemaliger SS-Führer im Bundesamt für Verfassungsschutz gesagt hat"...

Was verstand der Jurist Bucher im Herbst des Jahres 1963 unter "Gewissen"?

Frage 3: Wie viele Stimmen von einstigen Ritterkreuzträgern, Gestapo-Spezialisten, KZ-Schlägern und Schreibtischmördern glaubt die FDP durch den Rücktritt des Ministers Bucher im Wahljahr zu gewinnen?

Dieweil man der gegangene Justizminister auf der Flöte und mit dem Dackel "Wurzel" spielt, spielt man in Berlin Bonn und in Bonn Berlin. Die Hauptstadt der Bundesrepublik Deutschland heißt Bonn. Das lernen schon die Kinder in der Schule. Nun gefällt es aber gewissen Herren von Zeit zu Zeit, zwei Hauptstädte sich anzumaßen. Das wäre ungefähr so, als wollte das Schweizer Parlament einmal in Bern und dann wieder in Rom tagen. Bei aller Gutnachbarlichkeit: Die Römer hätten etwas dagegen! Und man könnte sie verstehen.

Nun: 20 Jahre nach jenem Ausspruch Hitlers zu General Koller
(21. April 1945):

STERN,
11. April
1965

"**Sie werden sehen, der Russe erleidet die größte
Niederlage, die blutigste Niederlage seiner Geschichte vor den Toren der Stadt Berlin...**"

—— 20 Jahre nach jenem größenwahnsinnigen Gequassel eines kurz
vor dem Selbstmord Stehenden mutet es durchaus logisch an, wenn
Herrschaften, die dem Führer durch alle Jahre in Treue folgten,
noch immer nicht begreifen können, daß das westliche Deutschland
NUR EINE Hauptstadt haben kann... wie ja auch das östliche Deutschland NUR EINE Hauptstadt besitzen soll. Bonn ist Bonn. Und Berlin
ist Berlin.

Die guten Böseckers in Berlin-Marienfelde und Düsseldorf sollten
vielleicht einmal darüber nachdenken, warum Bonn nicht in Berlin
und Berlin nicht in Bonn herrschen kann. Sie sollten sich überlegen,
welch untilgbare Schuld die zahllosen Globkes von 1933 bis 1965
auf sich geladen. Sie weinten nicht mehr über das kalt gewordene
Abendbrot und den für ein paar Stunden einsam gewordenen Wellensittich —— sie weinten über die Ignoranz, über ihre einstige
Intoleranz, über ihre heutige Idiosynkrasie, die sich da manifestiert
in Worten wie: "Jüdisch-bolschewistisch"... "Freier Westen —
sogenannte DDR"... Die guten Böseckers in Berlin-Marienfelde und
Frankfurt am Main sollten nie vergessen, daß der Führer am 21. April
vor genau 20 Jahren einem seiner besten Generale versprach:

STERN,
11. April
1965

"**Sie werden sehen, der Russe erleidet die größte
Niederlage, die blutigste Niederlage seiner Geschichte vor den Toren der Stadt Berlin...**"

—— und genau 9 Tage später Selbstmord verübte im Bunker der Reichskanzlei: zu Berlin.

Zwanzig Jahre nach jenem Karfreitag, zwanzig Jahre nach der
bedingungslosen Kapitulation Deutschlands heißt die Hauptstadt
der Bonner Republik ganz einfach Bonn. Daran wird man sich nun
endlich gewöhnen müssen. Der Wellensittich der Frau Bösecker
würde das ganz gewiß verstehen. Aber —— ein Wellensittich ist ja
auch nur ein Vogel. Und also ohne Verstand. Nur der Mensch hat
Verstand. Nun erfuhr aber jener portugiesische Mönch schon vor
400 Jahren von Papst Julius III.:

BÜCHMANN:
S. 471

"**Wenn Ihr wüßtet, mit wie wenig Aufwand von Verstand
die Welt regiert wird, so würdet Ihr euch wundern!**"

DAS SCHILFBUCH

Erzählung

Für Emmi

1949

In meines Nachbars Garten blüht noch immer die Linde, und es ist doch ein Tag im August. Seit Nächten liege ich wie verzaubert beim offenen Fenster, denke mir die sonderbarsten Dinge aus und rufe die Sterne bei Namen, wobei ich mich gar nicht an die Himmelskunde halte und zu einer besonders vorwitzigen Sternschnuppe einfach ILSE sage. Das hat natürlich seinen guten Grund.

Eine goldgelbe Wolke von Blütenduft schwebt den ganzen Tag über dem prächtigen Stelldichein von Bienen und Hummeln und sonst allerhand stechendem Getier. Dieser große Duft sickert mählich ins Blut. Dagegen bist du natürlich nicht gefeit. Und eines Morgens erwachst du – verliebt. Du magst lachen oder fluchen. Das kommt vom Wohlgeruch der Lindenblüten.

Bei mir ist dies schon ein wenig anders. Ich habe nicht die halbe Nacht so hübsche kleine Lieder vor mich hingepfiffen, nur weil in meines Nachbars Garten der schönste Baum weit und breit gedeiht. So einfach liegt die Sache denn doch nicht. Da muß ich wohl im Spiegel der Erinnerung suchen – gestern begann es, gestern Nachmittag im Schilf.

O, man braucht gar nicht immer erst nach Nizza und auf die Balearen zu reisen, um zu erfahren, wie schön der liebe Gott die Welt gemacht. Auch hier, bei uns, ist alles aufs beste bestellt. Von solchen und ähnlichen Gedanken erfüllt, liege ich im hohen Schilf, die Hände im Nacken gefaltet, und blinzle den dickbauchigen Wolken zu. Sie sind faul wie der zitronengelbe Falter, der die ganze Zeit auf dem Blütenkolben eines Kalmus sitzt und träumt. Wie ich so liege und der rundlichsten aller Wolken einen angenehmen Mittagsschlaf wünsche, teilt sich mit einemmal das Schilf. Es ist fast, als höbe Moses noch einmal seinen Stab. Und auf der solcherweise gebildeten Straße schreitet nun an Stelle des Volkes Israel ein Mädchen anmutig auf zierlichen Füßen einher. Auch dieser Augenblick ist meiner Zustimmung gewiß, versteht sich.

O Verzeihung! Ich habe Sie gar nicht gesehen inmitten der hohen Halme ... Das Mädchen hat eine wohltönende Stimme.

Das ist nicht weiter schlimm, Fräulein ... Fräulein ...

Ach, wenn ich nur gleich Ihren Vornamen wüßte! Meinen Vornamen?

Gewiß, bei dieser Hitze ruft man doch nicht: Fräulein Schönschnabel! Da sagt man einfach: Elise.

Das Mädchen lacht aus vollem Halse. Das klingt wie Vogelgezwitscher. Sie sind ein fröhlicher Bursche. Wohlan, ich heiße Marianne. Aber jetzt muß ich weiter, an die Arbeit.

Und schon ist das Mädchen entschwunden, Richtung Fluß. Ja, das hatte ich im ersten Eifer ganz übersehen, Fräulein Marianne ist mit allerlei Zeug bewaffnet: einem Zeichenblock, einer Feder, Tusche und sonst noch verschiedenem Krimskrams. Ich bin nicht sicher, ob das Mädchen viel vom Zeichnen versteht, was mich angeht, so bin ich ein grüner Laie in solchen Dingen. Wenn ich einen Schmetterling zeichnen muß, so weiß ich nie, ob ich mit den Flügeln oder mit dem Rüssel beginnen soll. Gar töricht bin ich in dieser Kunst. Doch dafür weiß ich, daß der kleine blonde Schmetterling mit den himmelfarbenen Augen bezaubernd in diese Landschaft paßt. So viel goldenes Haar im hohen Sommer und dazu noch dieser Name: Marianne ... Eine Biene könnte ihn beim Honigsaugen ersonnen haben. Das darf ich wohl sagen, sintemal ich von diesen Dingen immerhin einiges verstehe.

Heute gehe ich etwas früher ins Schilf, könnte es doch geschehen, daß ein Mädchen mit Feder und Zeichenblock kommt, seine Studien fortzusetzen.
 Fräulein Marianne, sagte ich unvermittelt, haben Sie auch schon einmal den Schmetterling auf Gottes rechter Hand gezeichnet?
 Wie meinen Sie das?
 Vermutlich so wie ich es sage.
 Sprachlos stünde das verlockende Mündchen offen. Nun, Fräulein Marianne, soll ich Ihnen die Geschichte erzählen, genau so wie der liebe Gott sie mir erzählt hat in der sanften Stunde zwischen Tag und Nacht?

Auch ein Nachmittag im Schilf will verdient sein. Von der kleinen Bahnstation aus geht man noch gute vierzig Minuten. Im November ist dieser Bummel nicht der Rede wert. Im November ... Aber wir schreiben Anfang August, und es hat seit Wochen nicht mehr geregnet. Überm See wölbt sich der blaue Himmel, im Osten von einem milchigen Weiß überzogen. Nichts Bedeutendes an Wolken segelt über das Himmelsmeer. Nur ein paar kleinere Tiere: eine Möve, eine Wildente. Nicht einmal ein ordentlicher Schwan. Von einem Schaukelpferd ganz zu schweigen. Nein, ein Vergnügen ist das nicht, bei dieser Höllenhitze durch sumpfiges Land zu streichen. Hin und wieder spendet eine Birke ein wenig Schatten. Ihre Blätter zittern gleich, wenn ein Lüftchen sich erhebt. Sie scheinen nicht das beste Gewissen zu haben, das sieht man ja sofort. Lilafarbenes und Weißes wächst da zu beiden Seiten meines Weges: Skabiose und Wilde Winde.

Dort, wo der Fluß in den See mündet, steht ein Wirtshaus. In der Mitte des Stromes Insel an Insel, mit Schilf bestanden; am jenseitigen Ufer Birken und Pappeln. Die Vögel, nicht scheu in dieser Gegend, hocken auf den leeren Stühlen nahe dem Wasser. Und ein besonders kühner Fink pickt sogar sein Bröcklein vom Tisch. Grüß Gott, Herr Fink, sage ich – und da fliegt der kecke Bursche davon. Stromaufwärts verführen die Flußschwalben mit den roten Schnäbeln einen Riesenspektakel. Und die Lachmöven scheinen auch nicht zu wissen, daß ein älterer Herr im Gebüsch liegt und schnarcht. Diese Möven haben ihren Namen wahrlich nicht umsonst erhalten. Das ist eine lustige Geschichte und obendrein noch kurz, wodurch sie sich vor andern ihrer Art in hohem Masse auszeichnet. Als der liebe Gott zur Bachstelze sagte: du sollst von nun an Bachstelze heissen, da kicherte eines seiner gefiederten Geschöpfe. Das verdroß den lieben Gott gar sehr, doch ER schwieg. Ruhig wandte ER sich an den eine Fliege verschlingenden Vogel: du heissest von dieser Stunde an bis in Ewigkeit Fliegenschnäpper ... Basta! Da lachte die Möve laut auf und flog ein bißchen um den neugetauften Vetter herum. Das war denn doch zu viel. Komm daher! rief der liebe Gott erzürnt. Und die Möve gehorchte, mit den Schwingen zitternd. Zur Strafe für deine Unart wirst du, deine Kinder und Kindeskinder Lachmöve heissen. Und ihr werdet lachen, früh am Morgen und spät am Abend, bis ins tausendste Geschlecht ... So kommt es, daß die Möven nicht mehr wissen, wann es Zeit ist zum Lachen und wann nicht ...

Ein halbes Dutzend Fischer sind damit beschäftigt, ihre Netze zum Trocknen aufzuhängen. Potztausend! Sind diese Netze fein geknüpft. Eine Biene könnte da wohl noch durchfliegen, auch ein Schmetterling fände zur Not einen Weg durch die Maschen, obwohl er bestimmt ein wenig vom Weiß der hübschen Flügel für seine Neugier lassen müßte. Doch ein Fisch hat keine Möglichkeit, zu entkommen. Der sitzt gefangen im Netz, und da wird ihm keiner helfen. Die Bratpfannen in den Gasthöfen rings um den See wollen mit Fischen gefüllt sein. Das ist gewiss ein trauriges Ende für einen Felch. Gleichviel, die Fischer müssen auch leben. Sie erzählen sich Witze. Mädchen kommen darin vor, schlaue Mädchen und unerfahrene Burschen. Und dann wird gelacht bis die Netze zittern.

Gleich in der Nähe des Flusses haben junge Leute ihre Zelte aufgerichtet. Ein Gummiboot liegt im Gras, und das Ufer ist übersät mit Konservenbüchsen und Papier. Das sind unordentliche Leute, denke ich. Und wie ich einen von den Burschen erblicke, halte ich auch nicht zurück mit meiner Meinung.

Aber oho! Da bin ich schön an den Falschen geraten. Das rühre von den Vorgängern her, und im übrigen soll ich den Schmutz vor meiner Tür kehren. Ich könnte dem Lümmel natürlich erwidern, meine Mutter sei recht dafür besorgt, daß sich kein Schmutz vor unserer Tür festsetzt. Dies und manch andres möchte ich dem frechen Grünschnabel zur Antwort geben. Aber es ist viel zu heiß zum Streiten. Und das Messer am Gürtel des gereizten Jünglings gefällt mir auch nicht sonderlich in dieser Gegend ... Nein, da schlage ich mich lieber in den Urwald. Hier ist alles so unberührt und ursprünglich, daß einer leicht glauben mag, der liebe Gott habe gerade gestern die Erde erschaffen. Schlingpflanzen in immer neuen und verworreneren Formen ziehen sich zwischen urweltlichen Bäumen hin. Farne und Moos und ungezähltes Ungeziefer – ein Paradies für den Lehrer Johannes. Was brächte der nicht alles in seiner blauen Botanisiertrommel mit nach Hause!

Ich habe den Platz wiedergefunden, wo ich gestern von der jungen Malerin überrascht und im süßen Nichtstun gewissermaßen gestört worden bin.

Ja, zum Kuckuck! Ich glaubte, früh am Mittag zu sein, und das Mädchen sitzt schon eine ganze Weile im Schilf und zeichnet Schilfrohre, ein Teichhuhn, einen Schwan auf dem Wasser.

Grüß Gott, Fräulein Marianne! Was für ein herrlicher Tag! Soso, da zeichnen Sie nun alles, was Sie sehen: eine Libelle, eine Spinne, ein lanzettförmiges Blatt. Das versteh ich schon. Aber zeichnen Sie auch hin und wieder Dinge, die Sie nicht sehen, ich meine Dinge, denen Sie im Traum begegnet sind? Dinge, die sich am hellen Tag nicht gut beweisen lassen, wiewohl man vieles von ihnen weiß und sogar ganz bestimmt weiß, daß sie *so* sind und nicht etwa anders ...

Die junge Malerin schaut lächelnd zu mir auf. Ihre hellen Augen sind voller Fragen.

Ich meine, Fräulein Marianne, ob Sie nicht zum Beispiel den Schmetterling auf Gottes rechter Hand schon einmal gezeichnet haben? – Da hab ich nun etwas Schönes angestellt. Die Augen des Mädchens sind mit einemmal so groß, daß ich befürchten muß, sie könnten aus ihrer Höhle ausbrechen. Das will ich natürlich verhüten. Ja, sehen Sie, Fräulein Marianne, diese Geschichte hat mir der liebe Gott erzählt in der behutsamen Stunde um die Dämmerzeit.

Mariannens Augen scheinen sich an das Unglaubliche gewöhnt zu haben, so daß ich wenigstens hoffen darf, sie möchten mir erhalten bleiben. Es ist noch gar nicht lange her, beginne ich, daß Lilipam, der zitronengelbe Falter (wissen Sie, einer mit so prächtigen roten Punkten) zu seinem größten Entsetzen sehen mußte, wie sein Bruder Sisima, während er aus dem schönsten Löwenmäulchen naschte, in den Netzen eines unbekannten Dinges verschwand. Zitternd folgte der Schmetterling dem Ungeheuer, welches das Fremdartige über den Bruder geworfen hatte, bis vor dessen Tür. Weiter getraute er sich nicht. Er flog die Reihe der Fenster entlang. Da! Sein kleines Herz bebte und weinte beim Anblick des Schrecklichen. Sisima! Mein Bruder! schrie Lilipam, der Schmetterling, am Fenster. Doch Sisima hörte ihn nicht. Er war bereits tot. Das böse Wesen hatte ihm einen Spieß durch den Rücken gebohrt, mitten ins Herz. Ruhig legte es den Toten in ein Gefäß und goß etwas auf seine prächtigen Flügel. Ach, Sisima war der Herrlichste aus der Familie der Cocorama. Eilig flog Lilipam nach Hause zu Vater und Mutter. Wie groß war die Trauer bei der Nachricht von Sisimas Tod! Palali, die Mutter, weinte unaufhörlich in den Kelch einer Tulpe. Lalapu, der Vater, der in allen Lagen des Lebens ein hoffnungsvolles Wort gefunden, wußte keine Silbe des Trostes. Von den Geschwistern ganz zu schweigen.

Am folgenden Morgen Bogen Lalapu, der Vater, und Lilipam, der Zeuge des Unfaßbaren, vor das Fenster des Grauens. Da erblickten sie – und sie hatten Mühe, in ihrem Schmerz sich nicht zu verraten – den toten Sohn und Bruder Sisima, wie er lang ausgestreckt neben vielen andern seines Geschlechts lag, eine Lanzenspitze im Rücken. Und das rohe Geschöpf besah sich den ermordeten Sisima und all die andern unschuldigen Brüder und Schwestern aus der Welt der Schmetterlinge mit sichtlicher Freude.

Lilipam, mein Sohn, sagte der Vater, ich komme heute nicht nach Hause. Sag deiner Mutter, ich sei in den Himmel geflogen, geradewegs zum lieben Gott. Vater und Sohn nahmen Abschied, und der Vater tat wie er gesagt.

Droben im Himmel war große Aufregung, als Lalapu, der Schmetterling, auf Gottes rechter Hand sich niederließ. Lalapu fühlte sogleich, daß etwas Fürchterliches geschehen war, denn Gottes Hand zitterte so sehr, daß Lalapu beinahe das Gleichgewicht verloren und zu den Sternen hinabgefallen wäre. Dennoch ließ er sich nicht entmutigen, war er doch gekommen, den lieben Gott zu bitten, ER möge das teuflische Wesen auf Erden vertilgen.

Was begehrst du, mein kleiner Schmetterling? sagte Gott zärtlich, während seine Hand noch immer bebte wie die Erde beim Ausbruch eines Vulkans. Du kommst nicht gerade zur besten Zeit, Lalapu, etwas Grauenvolles ist heute geschehen. Wie das, Vater Gott? fragte der Schmetterling, und es schien ihm, es könne nichts Grauenvolleres geben als den Mord an Sisima, seinem Kinde.

Ach, Lalapu, fuhr Gott fort, da hab ich dem Menschen alles gegeben, alles. Und nun hat er mir die größte Schmach angetan. Kaum sind ein paar Stunden vergangen, seit er mit einem einzigen Schlag eine ganze Stadt mit viel tausend Frauen, Männern und Kindern vernichtet hat. Hiroschima hieß die Stadt, und die Menschen, die dort in einer Sekunde starben, waren alle meine Kinder. Der Herr weinte. Und der Schmetterling saß beschämt auf Gottes tränenfeuchter Hand. Weißt du, wie viel das ist, ein Mensch,

Lalapu – ein Mensch? Der Schmetterling wußte es nicht und er ahnte entsetzt, daß auch der Mörder seines geliebten Sisima ein solcher Mensch gewesen … Gott schaute gerührt auf die nackten Flügel des Falters und sprach: Was wünschest du, Lalapu? Was soll ich dir gewähren? Ein neues Gewand? Schönere Tupfen auf deinem Kleid?

Nein, Vater Gott, erwiderte der Schmetterling mit zager Stimme, mach, daß der Mensch nie mehr so etwas Böses tut. Gib ihm ein Herz, o Herr! Vielleicht, daß DU es damals, als DU ihn erschufest, vergessen hast?

Gott lächelte sanft und weise. Ich hab es nicht vergessen, Lalapu. Der Mensch hat ein Herz. Er weiß es nur nicht mehr … Doch sag: ist das alles? Mehr wünschest du nicht? Darum kamst du doch nicht in den Himmel geflogen – Ja, Vater Gott, darum. Nur darum.

Gott wußte natürlich, daß der Schmetterling log, doch es freute ihn über die maßen, daß er nicht mehr die Vernichtung des Menschen wünschte. Die Sterne leuchteten bereits, als Lalapu zur Erde hinabflog. Er zitterte noch immer am ganzen Leib beim Gedanken an die Stadt, die so spurlos vom Boden verschwunden war, in einer Sekunde …

Ja, das ist eine sinnige Geschichte, meint Marianne, aber doch wohl eher eine, die man des Abends beim Kamin erzählen müßte, mit gedämpfter Stimme. Da will ich ihr nicht widersprechen. Im Schilf ist meine Geschichte nicht so richtig aufgehoben, und Fräulein Marianne hat bereits aufgehört, ein Kind zu sein.

Und die Geschichte von Sisima und Lalapu ist doch recht eigentlich für die Kinder bestimmt oder für den alten Lehrer Johannes. Aber der ist auch zeit seines Lebens ein Kind geblieben.

Da! Sehen Sie doch, wie wunderbar! Die junge Malerin kann sich gar nicht beruhigen. Lachmöven und Bleßhühner steigen mit lautem Gelächter und Gekreische vom jenseitigen Ufer aus dem Schilf, fliegen in Scharen übers Wasser und fallen unerwartet wieder zwischen Rohrkolben und Kalmus. Zur gleichen Zeit ziehen zwei Möven in vollendeter Anmut über die glitzernden Spitzen einer Silberpappel. Und wie die weissen Leiber in der späten Sonne aufblitzen, ist mir, als habe sich Gottes rechte Hand mit Sisimas Mörder, dem Menschen, wieder ausgesöhnt. Ich sage das der staunenden Marianne. Ja gewiß, das wäre schön, meint das Mädchen nachdenklich, nur glaub ich nicht, daß der liebe Gott so rasch von seiner Traurigkeit genesen wird. Ach, daran hatte ich gar nicht gedacht, füge ich beschämt hinzu. Das Leid Gottes hab ich über meiner Freude ganz vergessen.

Meine Offenheit scheint Marianne zu gefallen, und sie ist gnädigst bereit, die Trägheit meines Herzens, welche, wie meist in solchen Fällen, durchaus harmlosen Ursprungs ist (was ihre Gefährlichkeit keineswegs herabmindern soll), zu verzeihen. Dafür erzähle ich ihr von den schönsten Plätzen im nahen Urwald, vom Weg dorthin, an dessen Rändern Wiesenknopf und Bilsenkraut gedeihen, vom Seidelbast mit den herrlichen roten Beeren, die so verteufelt giftig sind, daß man gleich an die Urmutter Eva denken muß und an den prächtigen Apfel im Paradies. Doch

Marianne scheint gar nicht begreifen zu wollen, daß ich sie von hier weglocken möchte, ein bißchen in den Wald hinein. Sie erzählt nur immerzu von einem Nachmittag im verflossenen Jahr, den sie nie mehr vergessen wird.

Ja, war er denn so besonders schön, Ihr Nachmittag?

Schön? Mit einem spitzen Lachen unterstreicht sie, wie es scheint, ihre ganze Verachtung Für meine Einfalt. Ja, großartig war er, großartig ...

Wie meint sie das nur? Da soll einer klug werden aus einer Mädchenseele! Doch richtig läßt sie mich diesmal nicht im trüben fischen, nur ein paar Atemzüge lang. Dann lüftet sie ihr Geheimnis. In diesem Walde, voll von Schlingpflanzen und Getier, hausen auch Ameisen. Und wiewohl sie dem Wald sehr nützlich sein sollen, was Fräulein Marianne durchaus nicht bestreiten will, gibt es doch ein angenehmeres Vergnügen, als sich von ihnen überrumpeln zu lassen. Ameisensäure mag gut sein gegen gewisse Krankheiten – auf der Haut jedenfalls brennt sie wie Feuer. Bei Gott! Das vergißt Marianne nimmermehr. Und wenn in der Heiligen Schrift berichtet wird, der Herr habe dem sündigen Pharao als dritte von den zehn Strafen große Scharen von Ungeziefer gesandt, welches Mensch und Tier in Nasen, Ohren und Augen stach, wobei die Stiche heftige Schmerzen verursachten, so müsse hier in erster Linie von den Ameisen die Rede sein. Ja, da wisse sie nun auch einmal etwas aufs bestimmteste.

Aber, Fräulein Marianne, wage ich einzuwenden, Ameisen stechen ja gar nicht, die spritzen ihr peinigendes Gift ganz einfach auf unsere Haut –

Ganz einfach! fällt mir das Mädchen empört in die Rede. Ganz einfach ... Hätten Sie meinen mit Stichen übersäten Körper gesehen (jawohl, ich sage noch einmal: mit Stichen!), Sie redeten anders.

Gerne hätte ich das getan, Fräulein Marianne, wirklich gerne.

So rot brauchte das Mädchen nun aber nicht gleich zu werden. Ich habe doch gar nichts Böses gesagt und gewiß nur an etwas sehr Schönes gedacht. Gleichviel, da muß ich rasch zusehen, wie sich am besten eine Brücke über diese Verlegenheit schlagen läßt. Ich hab's!

Fräulein Marianne, darf ich nicht ein wenig in Ihrem Block blättern?

Nein!

So böse können Sie sein?

Ja.

Na, da ist es Ihnen wohl lieber, wenn ich mich verziehe wie ein gefürchtetes Unwetter?

Tun Sie ganz, wie es Ihnen beliebt.

Oho! Das soll Marianne nicht zweimal sagen. Ich erhebe mich blitzschnell von meinem Lager und küsse sie mitten auf den erzürnten Mund. Wenn Marianne mir nun in Notwehr eine Ohrfeige – doch nein, nichts dergleichen. Als sie die Augen wieder öffnet, sagt sie nur: du Frechdachs, du ...

Über meiner schillernden Verliebtheit hätte ich beinahe übersehen, daß am abendlichen Himmel großartige Dinge vor sich gehen. Ein liegender Löwe pflegt der Ruhe, ein springender Hirsch gefällt sich in seiner Pose. Es will Abend werden im Schilf. Weit draußen, im Westen, sinkt die Sonne, ein brennendes Schiff, mit dem Bug im Licht des Tages noch ragend, unaufhaltsam ins violettfarbne Wasser. Das ist ein göttlicher Anblick. Man möchte ein Lied singen, irgend etwas Erhabenes sagen. Und doch empfängt man das Wunderbare in der Stille, wortlos.

Marianne ist überzeugt, sie fände bei mir zu Hause in einer alten Truhe noch Gedichte. Wie sie auf diesen Gedanken kommt? Nun, die Geschichte vom Schmetterling auf Gottes rechter Hand. Ich soll mich nicht so lange bitten lassen.

Und was gibst du mir dafür, Marianne?

Was forderst du?

Einen Kuß.

Gut, einen Kuß. Nein, nicht jetzt. Später, nach getaner Arbeit.

Es ist ein Gedicht, beginne ich, das ganz zu dieser Stunde gehört. Ich schrieb es für Emilia. Einmal will ich dir von ihr erzählen.

Leise wiegt der Abendwind
kleines Schifflein hin und her –
wie die Mutter, hin und her,
in den Schlummer wiegt ihr Kind.

Eine späte Möve zieht
einsam in die Nacht hinein.
Junge Frau singt ganz allein
sehnsuchtsvoll ein Wiegenlied.

Sterne glitzern hin und her
und vergessen sich beim Spiel ...
Ohne Wunsch ist, ohne Ziel,
meiner Seele weites Meer.

Mein Vortrag ward reich belohnt, so reich, daß ich nicht zögerte, noch viele Gedichte aufzusagen, wenn Marianne mir jedes so herrlich vergelten wollte. Doch sie scheint, den Sommerabend in sich nachklingen zu lassen. Und vielleicht, wer weiß, verweilt sie bei dem Lied der einsamen Frau? Schweigend sitzt sie neben mir und hält meine Hand. Dieses Schweigen ist strahlendschön, mit lauterem Gold verziert an seinen Rändern. Es ist gut und tröstlich wie das Leuchten eines Sterns. Alles ist in ihm aufgehoben: all meine Liebe und all meine Lust und das dem Tod so verwandte Traurigsein. Vielleicht sollte ich nun das Schweigen über mich hinauswachsen lassen, weit, bis an den Saum der Sterne – doch ich habe etwas auf dem Herzen. Weißt du, Marianne, daß ich dir einmal zusehen möchte, wenn du die Blumen im Garten gießest? Marianne ist aus ihren Träumen zurückgekehrt. Leise, wie zu sich selbst, sagt sie nur: seltsam ...

Du findest es seltsam. Und doch möchte ich einmal sehen, mit welcher Gebärde du Mutters Kanne hältst, daß alles Wasser über Rosen und Schwertlilien rieselt. Und auch die Malven erkennte ich gerne, die violettfarbenen und die gelben, wenn sie das Wasser aus deinen Händen empfangen. Dies mein Wunsch, Marianne, da magst du nun lachen.

Doch Marianne lacht nicht. Sie denkt über etwas nach, und ein Schatten fließt in ihre blauen Augen. Es tut mir in der Seele weh, wenn das Mädchen so traurig dasitzt und nichts mehr sagt. Vielleicht wäre es besser, wir gingen ein bißchen dem schwarzen Fluß entlang. Das Mädchen käme wohl auf andere Gedanken. Eine Rohrdommel! flüsterte ich, siehst du, Marianne? Und alles wäre wieder gut.

Oben, am Himmel, hat sich viel dunkles Gewölk zusammengeballt. Da wird es dem Mann im Mond gar schwer, unbeschadet um die zackigen Wolkenriffe zu rudern. Kühn fährt er in elfenbeinfarbenem Nachen an tintenschwarzem Gebirge vorüber. Die nachtblauen Gipfel leuchten im gelblichen Licht, und der Kahn zieht unbeirrbar, an Klippen vorbei, seine Bahn.

Das ist so schön, daß Marianne ihre ganze Traurigkeit vergißt und im ersten Überschwang die Arme um meinen Nacken schlingt. Langsam sinkt sie ins Schilf. Die Rohre flüstern sich etwas zu, und gleich peitscht sie der Wind zur Strafe für ihre unartige Bemerkung. Ich flüstere auch etwas. Da kommt der Wind und trägt meine Worte auf samtenen Schwingen fort. Das ist recht so, denn diese Worte sind nur für Marianne bestimmt ...

Es sind helle Tage mit einem sanften Wind. Der Himmel ist vom reinsten Kobaltblau. Ich kenne dieses Blau von Großmutters Porzellantassen. Sehnsüchte ruft es wach, ein Weh nach unendlicher Ferne. Die Zeit der seidenen Nachmittage, die Stunden der flimmernden Landschaft sind vorüber. Verblüht ist die Linde in meines Nachbars Garten, verflogen der Duft von heissen Julinächten. Dahlien blühen in mannigfaltigen Formen und Farben. Ultramarin und Goldocker und ein großes Karmin.

Marianne zeichnet viel in diesen Tagen. Stunde um Stunde verbringt sie am Wasser. Ein Schilfbuch, sagt sie, ein kleines Buch von der Schönheit eines hohen Sommers. Ich soll den Text dazu schreiben. Ja, ich glaube, Marianne überschätzt meine Kräfte. Ich weiß wohl einiges über Schmetterlinge und Libellen, doch dem Schilf hab ich noch kaum ein Geheimnis abgelauscht. Das Schilf ist sehr verschwiegen. Und wenn es sich auch beim leisesten Windhauch in den Hüften wiegt, hin und her und her und hin, wobei ihm eine gar hübsche Melodie gelingt, so erfährt man doch im Grunde genommen recht wenig von den letzten Fragen eines Schilfrohrs. Da mutet mir Marianne sicher zu viel zu – und dennoch besteht sie darauf.

Das ist nicht so einfach, Marianne, beginne ich (noch immer hoffend, sie möge das Unmögliche ihres Verlangens einsehen), dazu muß man viele Jahre im Schilf gelebt haben. Zeichnen kann ich einen Kanonenputzer schon (jawohl, ich sage Kanonenputzer, obwohl ich der größte Feind von Kanone und Schießpulver bin), das geht zur Not. Aber irgend etwas über ihn aussagen, ich meine, etwas Wesentliches, dazu fühle ich mich nicht berufen.

Aus Mariannens Augen spricht Enttäuschung. Da nehme ich einen letzten Anlauf. Ich weiß, du wirst mich verstehen. Sieh, ich darf nicht über ein Ding schreiben, das ich gar nicht – oder doch nur spärlich

– kenne. Keiner darf das, es sei denn, er kümmere sich nicht um die heiligen Gesetze der Kunst.

Das Mädchen scheint über etwas nachzudenken. Und schon hat es eine neue Waffe für seinen Angriff geschmiedet. – Du mußt eben jeden Tag ins Schilf kommen, so lange, bis du Sprache und Gesänge des ruhelosen Volkes verstehen kannst. Es lohnt sich, mein Lieber, das magst du mir glauben.

Und ob ich dies Marianne glaube! Jeden Tag werden wir, für viele Stunden vereint, auf die Stimme des Schilfs lauschen. Marianne hat recht: ich sollte mich einmal versuchen in dieser Kunst. Und wenn ich am Ende auch nichts Neues erführe, so bräuchte mich meine Zeit doch nicht zu gereuen.

Gestern sah es nach Regen aus. Der ganze Himmel war von dräuendem Ungetüm belagert. Kein Stern wagte sich aus seinem Versteck hervor, und selbst der große runde Mond scheute sich, dem nächtlichen Koloss sein Gesicht zu zeigen. Am Morgen wehte eine frische Brise vom See her, und nun jagen sich weißschäumende Wellenkämme auf meergrünen Wogen. Das jenseitige Ufer ist mit einemmal so nahegerückt, daß man die einzelnen Häuser leicht unterscheiden kann. Die Luft ist klar und rein. Bei Gott, das ist ein Tag! Wie gemacht, ins Schilf zu gehen.

Der Weg zum Fluß führt an bunten Gärten vorüber. Habe ich dir schon gesagt, Marianne, daß ich die Zinnien liebe, diese prallen Blumen von sanftestem Purpur und leuchtendstem Goldgelb? Überall finde ich sie in diesen Tagen. Ja, es ist eine gute Zeit. Mein

Herz ist fröhlich, immer zu einem kleinen Spaß aufgelegt. Christophorus, der jüngste Sohn des Bootsvermieters, kommt mit einer der schönen, saftigen Birnen aus dem Hause gerannt. Wie soll sie heissen? rufe ich, auf die edle Frucht zeigend.

Wie? wiederholt der Knirps, und ein listiges Lächeln ist in seinen rabenschwarzen Augen.

Wart einmal! Aha ... Da streichle ich mir ein wenig das Kinn, gerade so viel als nötig ist, um ordentlich nachzudenken. Ich hab's, Christophorus! Malabiraborabum.

Der Kleine schüttelt sich vor Lachen. Malabara ...

Falsch, Christophorus, Malabira ...

Barobum.

Nein, Christophorus! Borabum.

Wenn ich nun nicht schleunigst weiterginge, wer weiß, vielleicht fiele mir bis Sonnenuntergang die Mehrzahl zu meinem fröhlichen Hauptwort ein. Königskerzen stehen am Rand meines Weges, goldene Fackeln am hellichten Tag. Und daneben gedeiht weisser Kerbel die Fülle. Uralte Weiden mit faltigen Bäuchen und häßlichen Kröpfen lassen sich's wohl sein in diesen spätsommerlichen Tagen. Vieles haben sie erfahren: Regen und Sonne, Sturm und Föhn im ewigen Wechsel der Jahreszeiten. Und in einen der Bäume fuhr der Blitz. Nun hat er ein Loch im Rücken, grösser als ein Kürbis und pechschwarz. Da wird es einem gleich ein bisschen seltsam ums Herz.

Im Schilf wartet Marianne mit Zeichenblock und Bleistift. Wie hübsch sie heute wieder aussieht! Ein rotes Kleid mit kleinen weissen Tupfen und im Haar ein schmales rotes Band. Dieses Band möchte ich gerne haben.

Du bekommst es schon einmal. Warte doch, du Ungeduldiger, du ...

Und nun soll ich dem Schilf zuhören. Das ist zu viel verlangt, Marianne. Überhaupt will ich dir schon jetzt sagen, daß ich keine großen Dinge zu schreiben gedenke. Nichts Aufregendes soll in meinem Schilfbuch geschehen. Kein Kind wird geboren, keine Frau aus Eifersucht ermordet, keine Schlacht geschlagen. Nicht einmal ein Liebespaar wird glücklich fürs Leben – oder doch?

Marianne schaut zu Boden. Nein, sie weint nicht. Was sie nur wieder hat? Marianne ist so seltsam in gewissen Augenblicken. Angst strömt in ihre Augen, alle Farbe weicht aus ihren Wangen, doch nur so lange, als eine Möve braucht, vorn Schilf ans jenseitige Flußufer zu fliegen. Dann ist alles wieder hell und gut in ihrem Antlitz. Sie lächelt, und ich vergesse meine Furcht. Ach, aus den Mädchen soll einer klug werden! Ich hab es schon lange aufgegeben.

Das hab ich mir gedacht! Mit einem nicht zu übersehenden Vorwurf unterbricht Marianne meine sinnlose Grübelei. Du möchtest natürlich wieder von großen Dingen schreiben: vom Leiden entsagender Frauen, vom Dämon rätselhafter Geschöpfe. Das wäre deine Sache. Nein, mein Lieber, das schöne einfache Leben eines Sommertages sollst du schreiben. Du glaubst, dies sei nicht genug? Du irrst. Das ist viel, sehr viel. Und wenn es dir gelingt, darfst du ordentlich stolz sein.

Gewiß, Marianne, und ich sage dir ja alles nur, damit du weißt, daß sich nichts Großes ereignen wird.

Nichts Großes, meinst du? Und wenn die Halme im Wind sich verneigen wie fromme Beter und eine Fliege, im Netz zappelnd, zusieht, wie die Spinne auf den Todesstich sich vorbereitet – ist das nichts Großes?

Marianne glüht vor Eifer. Und ich freue mich so recht von Herzen über die Art, mit der sie ihre Sache verteidigt. Dabei bin ich doch vollkommen ihrer Meinung. O Schurke, der du bist, sie im Netz des Irrtums zappeln zu lassen!

Die Abende sind kühl geworden, und es braucht schon ein gerüttelt Maß an Liebe, daß einer nicht mit den Zähnen zu klappern beginnt. Wir rücken zusammen, ganz nah. Und da weiß ich nun, daß ich jung bin und lebe. Und wie gut dieses Leben ist, wenn du liebst!

Gestern winkte mir Marianne schon von weitem mit einem hübschen, lilafarbenen Tüchlein. Gleich fing ich an zu laufen, als gelte es, den ersten Preis zu gewinnen. Heute flattert nichts Lilafarbenes im Wind. Dafür finde ich im Schilf ein schmales rotes Band, beschwert mit einer kostbaren Muschel. Ich weiß schon, was dieses Band bedeuten soll. Gestern Abend noch hätte ich viel darum gegeben, in seinen Besitz zu gelangen. Und jetzt, in der Bläue des Mittags, ist mir darob das Herz gar schwer.

Ich hab es gefühlt, Marianne, gestern, als du zu Boden schautest. Nein, die letzte Stunde konnte ich nicht trüben mit einer Frage, deren Antwort dir und mir den Abschied nicht leichter gemacht hätte. Die Pflicht hat dich zurückgerufen, der andere. Ich verstehe das.

Pamala, die zarte Tochter des Schmetterlings Lilipam, mag betrübt sein, da du nie mehr ihr prächtig getupftes Kleid bewundern wirst. Doch eine Bitte könntest du ihr erfüllen: wo immer du einem Schmetterling begegnest, erzähl ihm die traurige Geschichte von Sisima, dem Herrlichsten aus der Familie der Cocorama.

Der Sommer ist verglüht wie ein großes Feuer. Bald naht die Zeit der Traubenlese. Ich werde den Winzern helfen und, trinkend vom dunklen Saft, der Hochzeit im Schilf mich erinnern. Du, Marianne, hast mich gelehrt, zu lieben den Augenblick, das gläserne Gefäß voll Glückseligkeit, zu lieben das Schweigen, aus Ehrfurcht vor der Schönheit flüchtiger Stunden, zu lieben in allem das Leben, das tausendfältige, wunderbare. Für dich, Marianne, schrieb ich dies kleine Buch. Und wenn du es einmal in Händen hältst, gedenke des Abends, da der Wind meine Worte auf samtenen Schwingen entführte, meine Worte an dich …

Das Schilfbuch
Geschrieben 27. Juli bis 5. August 1949
im Schilf des Altenrhein.

Interview mit Ilona Einstein

Tief erschüttert von dem Unfalltod seiner Schwester Clärle durch einen Blitzschlag im Jahr 1933 begann Siegfried Einstein bereits in jungen Jahren seine Trauer literarisch zu verarbeiten. Abgesehen von seinen sehr gefühlvollen, melancholischen Gedichten ist er vor allem für seine scharfen, politischen Texte bekannt. Wer übte einen besonderen Einfluss auf seine literarische Politisierung aus?

In der Schweiz kam er in Kontakt mit den kommunistischen Autoren Stefan Hermlin, Jo Mihàly und Wolfgang Langhoff, die auch in Arbeitslagern in der Schweiz waren. Er war ja viel jünger als die anderen. Als sie ein Buch herausgegeben haben – den Titel weiß ich nicht mehr –, war auch ein Gedicht vom Siegfried drin.

Siegfried Einstein galt im Schweizer Exil als staatenlos. An dem Status änderte sich auch nach 1945 nichts. Sein erster Deutschlandbesuch seit seiner Flucht erfolgte allerdings erst 1949 und damit verbunden sein Ansuchen um einen deutschen Pass in seiner Geburtsstadt Laupheim. Wie gestaltete sich dieser Amtsbesuch?

Als er nach Laupheim ist, um einen Pass zu beantragen, haben sie ihm auf dem Rathaus gesagt, er müsse Passbilder mitbringen. Er hatte welche dabei. Dann haben sie ihm gesagt, dass es drei Wochen dauert und er in drei Wochen den Pass abholen kann. Und da fing das schon an. »Ihr habt mich in einer Stunde rausgeschmissen und in einer Stunde will ich meinen Pass wiederhaben«, beharrte er. Und dann hat er an demselben Tag noch seinen Pass gekriegt.

Wie war überhaupt sein Verhältnis zu Laupheim?

Laupheim tat weh. Laupheim war ein einziger Schmerz. Wir sind einmal im Jahr auf den Friedhof nach Laupheim gefahren. Wenn wir dann zurück in Mannheim waren, war er schwermütig und nicht ansprechbar. Ich habe dann sämtliche Freunde angerufen und gesagt: Ruf den Siegfried an und unternimm was mit ihm oder besuch ihn oder mach irgendetwas. Ich konnte ihm da auch nicht helfen. Seine Freunde sind eher in der Lage gewesen ihn abzulenken. Aber das hat gut und gerne eine Woche gedauert, bis er das wieder verdaut hatte, am Elternhaus vorbei zu gehen, auf dem Friedhof die Gedanken an seine Schwester, und was er so erlebt hat. Was da alles immer wieder mit Macht auf ihn eingestürmt ist. Das muss ihn schon sehr kaputt gemacht haben.

Hat er es jemals bereut, dass er ausgerechnet in das Land zurückgekehrt ist, aus dem er als Jugendlicher vertrieben worden war?

Gehadert. Ich meine, bereut hat er es nicht. Und er hat sich ja hier auch zur Wehr gesetzt.

Wie hat es ihn überhaupt nach Mannheim verschlagen?

Irgendwo, in irgendeinem kleinen Ort, den ich nicht weiß, ist eine Lesung gewesen von mehreren Literaten, und da war einer aus Mannheim dabei, der Egbert Hoehl, der hat das Vorwort zum Eichmannbuch geschrieben. Der hat ihn dann bekniet und hat gesagt: »Herr Einstein, wir sind in Mannheim eine kleine Gruppe, wir wollen da was aufziehen. Kommen Sie, wir brauchen Sie. Kommen Sie zu uns.« Und der hat für den Siegfried eine Wohnung besorgt. Da es nichts gab, war ja alles kaputt, und deshalb war die Wohnung in Lampertheim. So hat das angefangen [1953, Anm. d. Hg.]. Zu der Gruppe gehörte der Egbert Hoehl, der Arno Reinfrank und der Herbert Ernst Schulz, die haben in Mannheim zusammen angefangen. Also erst ohne und dann mit dem Siegfried.

Ist es richtig, dass Siegfried Einstein Zeit seines Lebens keiner Partei angehörte, und lediglich der Vereinigung der Verfolgten des Naziregimes (VVN) nahestand, deren Mitglieder meistens Kommunisten waren?

Ja, das ist richtig. Er war kein Kommunist, im Leben nicht. Die VVN, das waren Kommunisten. Es waren aber auch diejenigen, die ihm in Lampertheim geholfen haben, als er da verfolgt wurde.

Anlässlich des 100. Todestages von Heinrich Heine im Jahr 1956 wurde Siegfried Einstein die Ehre zuteil, in Paris die Gedenkrede zu halten, die anschließend auch in der literarischen Zeitschrift ›Les Lettres Françaises‹ veröffentlicht wurde. Wie kam es dazu?

Das kam durch die VVN. *Von denen ist er aufgefordert worden, dort die Rede zu halten. Und da hat er ja einen großen Kranz mitgenommen mit einer großen Schleife. Den Kranz hatte die Organisation gespendet, aber die Schleife hatte er drucken lassen mit den Worten: Wiederverfolgte Juden grüßen Heinrich Heine.*

Hatte Siegfried Einstein literarische Vorbilder?

Ja, alle. Also, als ganz junger, als er noch in der Schweiz war, war das Rilke. Später Tucholsky.

Im Jahr des Eichmann-Prozesses 1961 veröffentlichte Siegfried Einstein seine Dokumentation *Eichmann: Chefbuchhalter des Todes*. Was unterscheidet sein Werk von Hannah Arendts *Eichmann in Jerusalem*?

Er hat schon vorher an dem Eichmannbuch geschrieben. Es sind ja Essays. Also »Eichmann« fing für den Siegfried in Lampertheim an, wo er verfolgt wurde und wo er sich von den Leuten, die ihn verdächtigt oder ihm geschadet haben, die Lebensläufe besorgt hat, von Ludwigsburg [Zentrale Stelle der Landesjustizverwaltungen zur Aufklärung nationalsozialistischer Verbrechen in Ludwigsburg, Anm. d. Hg.], *aus der DDR und aus den sogenannten Braunbüchern. Das Eichmannbuch ist eigentlich nur eine Zusammenfassung von den Essays, die er vorher schon in der ›Anderen Zeitung‹ veröffentlicht hat. Essays über die »Eichmänner« und nicht nur über den Eichmann allein.*

Wie war die Resonanz? War es zu früh für das Eichmann-Buch, oder war der Zeitpunkt der Veröffentlichung genau richtig?

Es war viel zu früh. Viel zu früh. Es ließ sich schlecht verkaufen. Heute fragen die Leute mehr danach, aber drucken wills niemand mehr.

Wie ist Siegfried Einstein denn insgesamt mit der Situation zurechtgekommen, als Überlebender in Deutschland mit ansehen zu müssen, wie Nazi-Verbrecher und Antisemiten frei herumlaufen?

Es war qualvoll für ihn. Es hat ihn nie losgelassen. Es ist kein Abend mit Freunden vergangen, an dem wir nicht zum Schluss auf die Verfolgung zu sprechen kamen.

Wir kennen den Autor Siegfried Einstein, der die Nuancen der deutschen Sprache kunstfertig beherrschte und diese bisweilen sogar als Waffe einsetzte. Aber wie war der Mensch Siegfried Einstein? Wie würdest du ihn beschreiben?

Da müsste ich sieben Personen nebeneinanderstellen. Er war schwierig, er war aber auch sehr romantisch, wahnsinnig romantisch manchmal. Und dann wieder das krasse Gegenteil. Er war sehr polemisch, aber auch sehr melancholisch. Er war aber auch sehr kontaktfreudig und gesellig. Wenn er da war, haben die anderen zugehört. Er hatte eine unheimliche Präsenz.

Personenregister

Ambros, Otto (1901–1990): Giftgas- und Bunaexperte der Chemiewerke I.G. Farben sowie Wehrwirtschaftsführer, der den Einsatz von KZ-Häftlingen bei der Giftgasproduktion überwachte. Nach 1945 als Kriegsverbrecher verurteilt, aber nach drei Jahren vorzeitig aus der Haft entlassen.

Aretz, Werner (1912–unbekannt): führender Gestapo-Mitarbeiter, 1945–1964 Mitarbeiter des Bundesamtes für Verfassungsschutz.

Beck, Enrique (1904–1974): deutsch-schweizerischer Dichter und Übersetzer.

Boger, Wilhelm Friedrich (1906–1977): SS-Oberscharführer sowie Mitarbeiter der Politischen Abteilung Referat Flucht, Diebstahl und Fahndung im KZ Auschwitz. Er führte dort eine als Bogerschaukel bezeichnete Foltermethode ein. Er entzog sich einer Haftstrafe durch Flucht und überstand auch das Entnazifizierungsverfahren schadlos. Er arbeitete bis zu seiner Rente unbehelligt bei einem Motorenhersteller.

Briand Aristide Briand (1862–1932): französischer Politiker, erhielt 1926 für seine Mitarbeit an den Verträgen von Locarno zusammen mit Gustav Stresemann den Friedensnobelpreis.

Bucher, Ewald (1914–1991): während NS-Zeit Mitglied der SA, 1962–1965 Bundesminister der Justiz und 1965–1966 Bundesminister für Wohnungswesen und Städtebau. Als Justizminister war er gegen die Verlängerung der 20-jährigen Verjährungsfrist und trat nach deren Durchsetzung als Bundesminister der Justiz zurück.

Bütefisch, Heinrich (1894–1969): deutscher Chemiker und Vorstandsmitglied der I.G. Farbenindustrie AG. Im nationalsozialistischen Deutschen Reich war er Wehrwirtschaftsführer und wurde als Kriegsverbrecher während der Nürnberger Prozesse verurteilt.

Dietz, Sigrid Antonie (geb. 1932): Malerin und Lyrikerin, enge Freundin von Siegfried Einstein.

Dürrfeld, Walter (1899–1967): deutscher Diplom-Ingenieur und Betriebsführer des Buna-Werks in Monowitz bei Auschwitz, in dem KZ-Häftlinge Zwangsarbeit leisten mussten.

Eckell, Johannes (unbekannt): Manager bei I.G. Farben, nach 1933 Eintritt in den Staatsdienst als Referatsleiter beim Reichswirtschaftsministerium und Leiter der Abteilung Chemie im Reichsamt für Wirtschaftsaufbau.

Fischer, O(tto) W(ilhelm) (1915–2004): österreichischer Schauspieler, der unter dem NS-Regime seine Karriere begann.

Frank, Hans (1900–1946): nationalsozialistischer deutscher Politiker, der sich bereits 1919 der Vorläuferpartei der NSDAP anschloss. Er war höchster Jurist im »Dritten Reich«. Während des Krieges wurde Frank Generalgouverneur des nicht annektierten Teils von Polen, wo er an vielen Gräueltaten beteiligt war. Von seinen Opfern wurde er »Schlächter von Polen« genannt. Frank gehörte nach dem Krieg zu den 24 Angeklagten im Nürnberger Prozess gegen die Hauptkriegsverbrecher. Er wurde 1946 in zwei Anklagepunkten schuldig gesprochen und hingerichtet.

Frey, Gerhard (1933–2013): deutscher rechtsextremer Politiker, Journalist und Verleger, der 1959 Herausgeber und Chefredakteur der ›Deutschen Soldaten-Zeitung‹, später ›Deutsche National-Zeitung‹ wurde. Von 1971 bis 2009 war er Bundesvorsitzender der von ihm gegründeten rechtsextremen Deutschen Volksunion (DVU), die zunächst als Verein und ab 1987 als Partei in Erscheinung trat.

Gersdorff, Rudolf-Christoph Freiherr von (1905–1980): deutscher Offizier und Mitglied des militärischen Widerstands gegen das NS-Regime. Nach dem Beschluss des Bundestags über die Wiederbewaffnung versuchte von Gersdorff vergeblich, in die Bundeswehr aufgenommen zu werden. In seinen Memoiren machte er dafür den Staatssekretär Hans Globke und ehemalige Wehrmachtsoffiziere dafür verantwortlich, die keinen »Verräter« in der Bundeswehr dulden wollten.

Globke, Hans Josef Maria (1898–1973): Verwaltungsjurist im preußischen und im Reichsinnenministerium, Mitverfasser und Kommentator der Nürnberger Rassengesetze und Hauptverantwortlicher für die judenfeindliche Namensänderungsverordnung in der Zeit des Nationalsozialismus sowie von 1953 bis 1963 Chef des Bundeskanzleramts unter Bundeskanzler Konrad Adenauer.

Goebbels, Paul Joseph (1897–1945): einer der einflussreichsten Politiker während der NS-Zeit und einer der engsten Vertrauten Adolf Hitlers. Ab 1926 Gauleiter von Berlin, 1930–33 Reichspropagandaleiter der NSDAP und 1933–1945 Reichsminister für Volksaufklärung und Propaganda sowie Präsident der Reichskulturkammer. Die Lenkung von Presse, Rundfunk und Film sowie des sonstigen Kulturschaffens lag in seinem Ressort.

Göring, Hermann Wilhelm (1893–1946): führender deutscher nationalsozialistischer Politiker, 1935–45 Oberbefehlshaber der deutschen Luftwaffe.

Hermlin, Stefan (1915–1997): deutscher Schriftsteller, Kommunist und Übersetzer französischer Texte, emigrierte

1936 nach Palästina, lebte später in Frankreich und in der Schweiz und ließ sich in Ostberlin nieder. Er war einer der bekanntesten Schriftsteller der DDR.

Heuss, Theodor (1884–1963): deutscher Journalist, Publizist, Politikwissenschaftler und fast 60 Jahre liberaler Politiker (NSV, FVg, FVP, DDP, FDP/DVP). Mit der Gründung der FDP 1948 wurde er deren erster Vorsitzender. 1949–1959 war er der erste Bundespräsident der Bundesrepublik Deutschland.

Von Hindenburg und von Beneckendorff, Paul Ludwig Hans Anton (1847–1934): deutscher Generalfeldmarschall und Politiker. Im Ersten Weltkrieg hatte er die Oberste Heeresleitung von 1916 bis 1918 inne. 1925–34 amtierte er als Reichspräsident der Weimarer Republik, 1933 ernannte er Adolf Hitler zum Reichskanzler.

Hitler, Adolf (1889–1945): 1933–1945 Diktator des Deutschen Reiches.

Höß, Rudolf Franz Ferdinand (1901–1947): SS-Obersturmbannführer und von Mai 1940 bis November 1943 Kommandant des Konzentrationslagers Auschwitz. Er wurde als Kriegsverbrecher 1947 zum Tode verurteilt und am Ort des ehemaligen Stammlagers hingerichtet.

Hofmeyer, Hans (1904–1992): Jurist, leitete den ersten Auschwitzprozess.

Hoehl, Egbert (Lebensdaten unbekannt): Autor und Journalist, schrieb u. a. für ›Die Zeit‹.

Kaduk, Oswald (1906–1997): SS-Unterscharführer und Rapportführer im Konzentrationslager Auschwitz.

Kesselring, Albert (1885–1960): Heeres- und Luftwaffenoffizier der Wehrmacht, befehligte Erschießungen von Zivilisten in Italien. Das Todesurteil als Kriegsverbrecher wurde nicht vollstreckt, aus einer lebenslangen Haft wurde er 1952 vorzeitig entlassen.

Klügel, Hubert (1911–1945): Stabsfeldwebel, der im April 1945, im Alter von 34 Jahren, auf Befehl von Baron von Ruffin in Böhmen erschossen wurde, weil er eine Stellung ohne Befehl geräumt hatte.

Koller, Karl (1898–1951): Pilot und letzter Generalstabschef der deutschen Luftwaffe im Zweiten Weltkrieg.

Körner, Theodor (1791–1813): deutscher Dichter und Dramatiker, patriotische Identifikationsfigur.

Krauch, Carl (1887–1968): I.G. Farben-Manager, der 1938 zum »Wehrwirtschaftsführer« und »Generalbevollmächtigten für Sonderfragen der chemischen Erzeugung beim Beauftragten des Führers für den Vierjahresplan« (GBChem) ernannt wurde. Krauch wurde so zu einer »Schlüsselfigur« der Verflechtung von NS-Staat und IG Farben.

Langhoff, Wolfgang (1901–1966): deutscher Schauspieler und Regisseur, bereits 1933 von den Nazis als Kommunist interniert, bis ihm 1934 die Flucht in die Schweiz gelang. Nach 1945 kehrte er nach Deutschland zurück und ließ sich in der DDR nieder, wo er eine wichtige Rolle in der Kulturpolitik spielte.

Leverenz, Bernhard (1909–1987): Jurist und deutscher Politiker (FDP), von 1942 bis Kriegsende Marinerichter, von 1954 bis 1962 sowie von 1963 bis 1967 Justizminister des Landes Schleswig-Holstein.

Ludendorff, Erich Friedrich Wilhelm (1865–1937): deutscher General und Politiker. Zur Zeit der Weimarer Republik betätigte er sich in der völkischen Bewegung und 1923 am Hitler-Putsch.

Luxemburg, Rosa (1871–1919): Anhängerin des Marxismus, einflussreiche Vertreterin der europäischen Arbeiterbewegung und Gründerin der Kommunistische Partei Deutschlands, wurde zusammen mit Karl Liebknecht von Angehörigen der preußischen Armee ermordet.

Lübke, Karl Heinrich (1894–1972): deutscher Politiker (Zentrum, später CDU), während der NS-Zeit als Bauleiter tätig, 1953–1959 Bundesminister für Ernährung, Landwirtschaft und Forsten und 1959–1969 der zweite Bundespräsident der Bundesrepublik Deutschland.

Mann, Thomas (1875–1955): deutscher Schriftsteller und Literaturnobelpreisträger.

Mende, Erich (1916–1998): Wehrmachtsoffizier, Jurist und Politiker (FDP, dann CDU). Amtierte von 1963 bis 1966 als Bundesminister für gesamtdeutsche Fragen und Vizekanzler.

Mihàly, Jo (1902–1989): Tänzerin, Schauspielerin, Dichterin und Autorin, setzte sich für die Rechte von Sinti und Roma ein und emigrierte 1933 mit ihrem Mann in die Schweiz, wo sie bis zu ihrem Lebensende blieb.

Mussolini, Benito (1883–1945): 1922–1943 Ministerpräsident des Königreichs Italien, ab 1925 als Diktator an der Spitze des faschistischen Regimes in Italien und bis zu seinem Sturz 1943 Verbündeter Deutschlands im Zweiten Weltkrieg.

Papst Julius III (1487–1555): Papst der katholischen Kirche.

Pätsch, Werner (geb. 1926): war Mitarbeiter des Bundesamtes für Verfassungsschutz und beteiligt an der sogenannten »Abhöraffäre«. 1963 setzte er den Juristen Josef Augstein über dieses Vorgehen und die Beschäftigung mehrerer ehemaliger SS-Angehörige beim Verfassungsschutz in Kenntnis, der die Informationen an die Presse weitergab.

Prinz zu Schleswig-Holstein-Sonderburg-Glücksburg, Friedrich-Ferdinand (1913–1989): Offizier und 1965 Landesvorsitzender des Soldatenbundes Kyffhäuser und des Verbandes Deutscher Soldaten.

Puschkin, Alexander Sergejewitsch (1799–1837): russischer Dichter. Puschkin ist aber auch eine deutsche Wodka-Marke seit 1929.

Ramsey, Bill (geb. 1931): deutsch-amerikanischer Jazz- und Schlagersänger.

Reinfrank, Arno (1934–2001): deutscher Schriftsteller, Publizist und Übersetzer, auch als Pfälzer Mundartdichter bekannt. Sein Vater wurde als Antifaschist ins KZ Dachau deportiert, während er mit seiner Mutter von 1941 bis 1945 versteckt in Schwarzach (Odenwald) lebte. Aus Protest gegen die Wiederbewaffnung Deutschlands verlegte er 1955 seinen Lebensmittelpunkt nach London.

Ribbentrop, Ullrich Friedrich Willy Joachim (1893–1946): während des Nationalsozialismus Reichsminister des Auswärtigen, war einer von 24 im Nürnberger Prozess angeklagten Hauptkriegsverbrecher. Er wurde schuldig gesprochen und zum Tode verurteilt.

Ruffin, Franz Freiherr von (1912–2000): Gutsbesitzer, im NS-Regime Wehrmachtsoffizier, nach 1945 verurteilt wegen Kriegsverbrechen, später freigesprochen [Details nicht bekannt, Anm. d. Hg.].

Schneider, Paul (1897–1939): evangelischer Pfarrer, leistete Widerstand gegen das NS-Regime und wurde im KZ Buchenwald ermordet.

Schulz, Herbert Ernst (Lebensdaten unbekannt): deutscher Autor.

Starcke, Willy (1880–1945): Unternehmer, arisierte die Auerbach & Scheibe AG.

Strübing, Johannes (1907–1964): Gestapo-Mitarbeiter, arbeitete nach 1945 für das Bundesamt für Verfassungsschutz, bis er 1964 von dort aufgrund seiner NS-Vergangenheit nicht entlassen, aber in das Bundesverwaltungsamt versetzt wurde.

Student, Kurt (1890–1978): hochrangiger Wehrmachtsoffizier und Inselkommandant von Kreta, der in seiner Funktion Vergeltungsschläge gegen die Zivilbevölkerung anordnete; nach 1945 verbüßte er nur drei Jahre einer fünfjährigen Haft. Er wurde weder an Griechenland ausgeliefert noch im Rahmen der Nürnberger Kriegsverbrecherprozessen angeklagt.

Völk, Josef (1819–1882): deutscher liberaler Politiker und Rechtsanwalt.

Wedekind, Frank (1864–1918): deutscher Schriftsteller, Dramatiker und Schauspieler.

Wenger, Erich (1912–nach 1973): Gestapo-Mitarbeiter, saß 1946–1948 in britischer Haft, 1950–1963 Ermittler beim Bundesamt für Verfassungsschutz, bis seine NS-Vergangenheit an die Öffentlichkeit kam und er vom Bundesinnenminister Hermann Höcherl in das Bundesverwaltungsamt versetzt wurde. Ein 1966 eröffnetes Verfahren wegen Erschießung und Deportation von französischen Zivilisten musste ergebnislos aus Mangel an Beweisen und wegen Verjährung 1973 eingestellt werden.

Wurbs, Alfred (o. A.): Angehöriger der Waffen-SS, nach 1945 Mitarbeiter des Bundesamtes für Verfassungsschutz.

Zu den Herausgeberinnen

Esther Graf, 1970 in Wien geboren, promovierte nach dem Studium der Romanistik, Jüdischen Studien und Kunstgeschichte 2004 in Heidelberg und baute anschließend die Pressestelle der Hochschule für Jüdische Studien auf. Seit 2008 betreibt sie zusammen mit Manja Altenburg die Agentur für Jüdische Kultur und verfasst regelmäßig journalistische Beiträge für das jüdische Stadtmagazin ›wina‹.

Nelly Z. Graf, 2002 in Heidelberg geboren, ist freie Mitarbeiterin der Agentur für Jüdische Kultur und führt im Zuge dessen Zeitzeugeninterviews durch. Im Juli 2019 absolvierte sie ihr Abitur in Mannheim.

Bildnachweis

»Der Kranich«, Bleistiftzeichnung von Siegfried Einstein, 28.02.1932 (Umschlag), Privatbesitz Ilona Einstein

Porträt von Siegfried Einstein, Fotografie o. J., Privatbesitz Ilona Einstein

Porträt von Ilona und Siegfried Einstein, Fotografie o. J., Privatbesitz Ilona Einstein

Danksagung

Das Zustandekommen des vorliegenden Buchs verdankt sich der Mitwirkung vieler Menschen, deren Anliegen es ist, Siegfried Einsteins Werk dem Vergessen zu entreißen und seine sprachliche Virtuosität jüngeren Generationen zugänglich zu machen. Wir danken an dieser Stelle Frau Ilona Einstein, Herrn Rolf Emmerich sowie dem Leiter des Museums Schloss Großlaupheim, Herrn Dr. Michael Niemetz, für ihren persönlichen Einsatz. Wir bedanken uns bei Frau Castellaneta vom Marchivum (Stadtarchiv Mannheim), die uns so wunderbar bei der Sichtung des Nachlasses unterstützt hat, und bei Noa Lina Graf für das Lektorat.

Unser besonderer Dank gilt allen Personen und Institutionen, die dieses ambitionierte Buchprojekt anlässlich des 100. Geburtstags von Siegfried Einstein großzügig unterstützt haben.

In alphabetischer Reihenfolge:

 Karin & Carl-Heinrich Esser Stiftung, Mannheim

Veit Feger

Freundeskreis des Museums zur Geschichte von Christen und Juden, Schloss Großlaupheim

 Ursula Lachnit-Fixson Stiftung

 Gesellschaft für Geschichte und Gedenken e. V., Laupheim

 Kulturamt der Stadt Mannheim

Laupheimer Bürgerstiftung

 Museum zur Geschichte von Christen und Juden, Schloss Großlaupheim

 Stadt Laupheim

 Stiftung Oberschwaben

 Volksbank Raiffeisenbank Laupheim-Illertal eG

www.wunderhorn.de